노인·치매·실어증 언어재활

작업기억 기반 인지-의사소통 워크북 3

일상생활 연계 활동 편

이미숙 · 백려정 · 황은지 공저

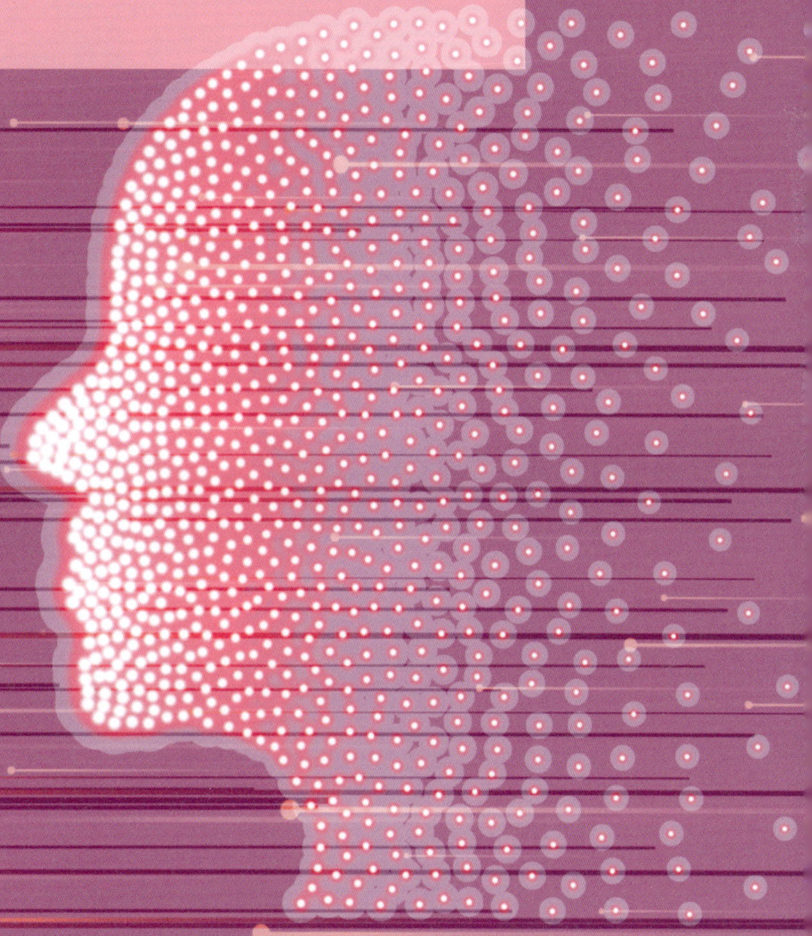

학지사

노화 단계에서는 예기치 못한 갖가지 변화가 찾아온다. 인지-의사소통 능력이 이전과 다를 뿐 아니라 뇌졸중에 의한 실어증, 주관적 인지저하(subjective cognitive decline), 경도인지장애(mild cognitive impairment), 치매 등의 신경학적 질환을 겪기도 한다. 고령화 추세에 따라 노년기의 이 같은 변화에 이목이 집중되고 있으나, 인지-의사소통 기능을 유지하고 삶의 질을 높이기 위한 구체적인 방법은 여전히 미흡한 실정이다.

이 책은 가속화되는 국내 고령화 현황과 그에 따른 요구로부터 출발했다. 특히 정상 노화 과정 및 신경학적 질환에 의한 인지-의사소통 기능의 변화를 현명하게 극복하는 데 필요한 예방적 중재 방안을 체계적으로 제시하고자 했다. 이를 위해 인지-언어의 다영역적 처리에 관여하는 작업기억 능력을 바탕으로 의사소통 기능을 향상시킬 수 있는 훈련에 중점을 두었다. 따라서 이 책은 임상 현장에서 실어증, 주관적 인지저하, 경도인지장애, 치매 등으로 인한 인지-의사소통 문제를 다루는 언어재활사, 그리고 재활 관련 분야, 심리학, 노인학, 사회복지학 등 유관 학문의 전문가가 두루 활용할 수 있다. 또한 노화로 인한 변화에 직면해 있거나 미리 대비하고자 하는 노인과 그 가족, 노인의 인지와 언어에 관심이 있는 일반인도 실용적으로 참고할 수 있다.

이 책은 총 3권으로 구성되었다. 제1권에서는 작업기억(위치, 순서, 어휘), 제2권에서는 의사소통(이름대기, 어휘-의미 추론, 표현, 읽기 이해, 쓰기), 제3권에서는 일상생활 연계 활동(상징과 색깔, 그리기, 기타)을 다룬다. 각각에는 다양한 유형의 과제와 문항들이 수준별로 제시되어 있다.

이 책이 노화 과정에 있거나 실어증, 치매 등의 신경학적 질환을 겪는 성인, 언어병리학 및 유관 학문의 임상가와 전공자, 기타 일반인에게 도움이 되기를 고대한다. 다만 저서로서의 부족함은 추후 지속적인 연구를 통해 보완해 나갈 것이므로 독자들께 미리 양해를 구한다. 출간을 위해 애써 주신 학지사 측과 담당자께 깊은 감사의 말씀을 전한다.

2025년 4월

대표 저자 이미숙

4. 일상생활 연계 활동: 그리기

Level 02

5. 일상생활 연계 활동: 기타

Level 01

6. 일상생활 연계 활동: 기타

Level 02

Level 01

1. 일상생활 연계 활동: 상징과 색깔

※ 정답은 p. 123

1) 비밀번호 찾기

≫ 진우 씨는 집에 들어가려는데 갑자기 현관문 비밀번호가 생각나지 않습니다. 그래서 딸에게 전화해 물어보았습니다. 비밀번호가 무엇인지 네 자리 숫자로 만들어 보세요.

예) 비밀번호: 생일 거꾸로(생일-12월 3일)

3	0	2	1

1. 진우: 민아야. 현관 비밀번호가 뭐지?
민아: 아빠, 또 깜박하셨어요?
제 생일 거꾸로예요. 4월 25일.

2. 진우: 민아야. 현관 비밀번호가 뭐지?
민아: 아빠, 또 깜박하셨어요?
제 생일 거꾸로예요. 1월 3일.

3. 진우: 민아야. 현관 비밀번호가 뭐지?
민아: 아빠, 또 깜박하셨어요?
제 생일 거꾸로예요. 11월 23일.

4. 진우: 민아야. 현관 비밀번호가 뭐지?
민아: 아빠, 또 깜박하셨어요?
제 생일 거꾸로예요. 3월 14일.

5. 진우: 민아야. 현관 비밀번호가 뭐지?
민아: 아빠, 또 깜박하셨어요?
제 생일 거꾸로예요. 1월 24일.

6. 진우: 민아야. 현관 비밀번호가 뭐지?
민아: 아빠, 또 깜박하셨어요?
제 생일 거꾸로예요. 2월 7일.

7. 진우: 민아야. 현관 비밀번호가 뭐지?
민아: 아빠, 또 깜박하셨어요?
제 생일 거꾸로예요. 5월 18일.

8. 진우: 민아야. 현관 비밀번호가 뭐지?
민아: 아빠, 또 깜박하셨어요?
제 생일 거꾸로예요. 2월 17일.

9. 진우: 민아야. 현관 비밀번호가 뭐지?
민아: 아빠, 또 깜박하셨어요?
제 생일 거꾸로예요. 6월 29일.

10. 진우: 민아야. 현관 비밀번호가 뭐지?
민아: 아빠, 또 깜박하셨어요?
제 생일 거꾸로예요. 8월 14일.

2) 아이디 만들기

≫ 영어 자판에 해당하는 한글 자모음을 찾아 적어 보세요.

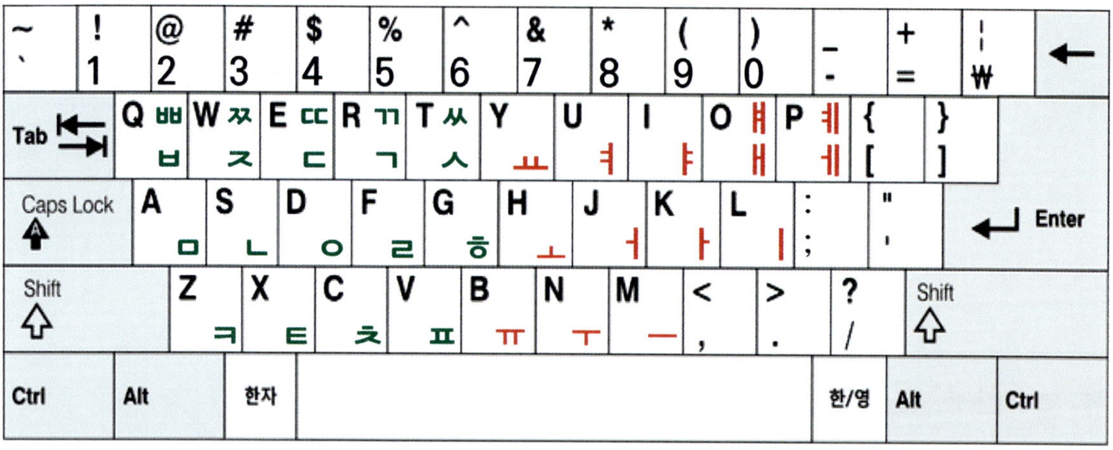

예 시 RK → 가

1. AL → ☐
2. QH → ☐
3. RLA → ☐
4. EHD → ☐
5. SKF → ☐
6. WJD → ☐
7. GNS → ☐
8. RHA → ☐
9. THS → ☐
10. FBD → ☐

≫ 한글 자판에 해당하는 알파벳을 찾아 적어 보세요.

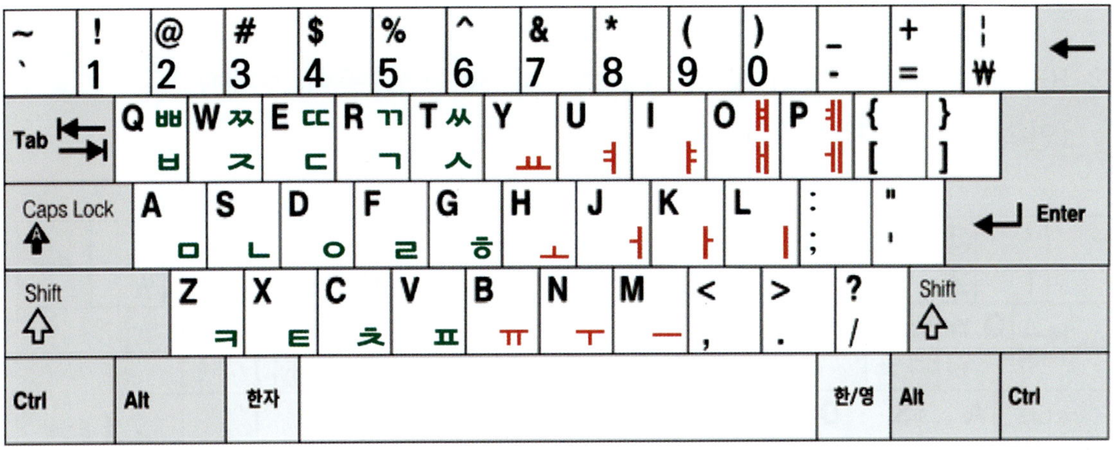

예 시 가 → RK

1. 꿈 →

2. 발 →

3. 나비 →

4. 우정 →

5. 작별 →

6. 소나무 →

7. 무지개 →

8. 보자기 →

9. 종달새 →

10. 냉장고 →

3) 비밀번호 만들기

>>> 8자리 숫자를 조합하여 비밀번호를 다양하게 만들어 보세요.
(연속하는 숫자는 제외 → 예: 12345678)

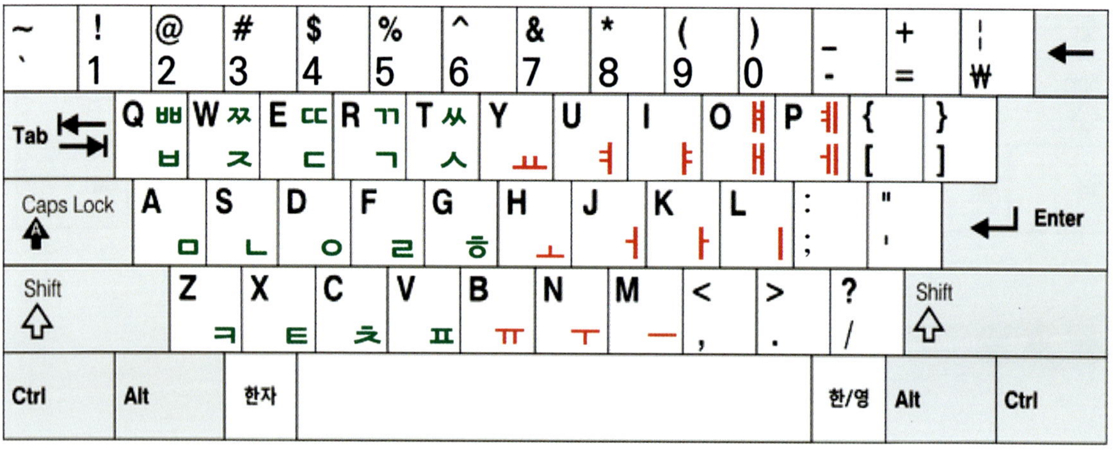

1.

2.

3.

4.

5.

››› 숫자, 알파벳 소문자, 특수문자를 조합하여 8자리의 비밀번호를 다양하게 만들어 보세요.

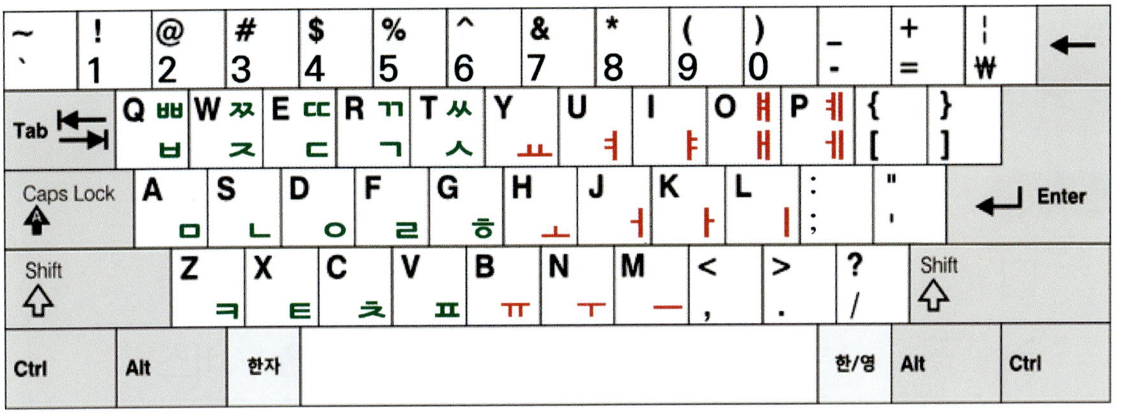

예 시	a	j	v	3	5	1	@	#

1.

2.

3.

4.

5.

6.

7.

8.

9.

10.

4) 도형-단어 짝 연결하기

⋙ 〈보기〉의 도형-단어 짝을 사용하여 도형이 제시된 순서대로 단어를 나열해 보세요.

보 기

□ - 의자	▲ - 냉장고	◎ - 의사
▷ - 꽃	★ - 주스	● - 버스

예 시

□ - ▲ : 의자 - 냉장고

□ - ▲ - ★: 의자 - 냉장고 - 주스

1. ① ▷ - ▲ [ ] - [ ]

② ★ - ▲ [ ] - [ ]

③ □ - ● [ ] - [ ]

④ ▲ - ◎ [ ] - [ ]

⑤ ▷ - ★ [ ] - [ ]

⑥ ▲ - ● [ ] - [ ]

⑦ ★ – ● ☐ – ☐

⑧ ◎ – ▷ ☐ – ☐

⑨ ● – ▲ ☐ – ☐

⑩ ★ – ◎ ☐ – ☐

2.

① ▷ – ▲ – ● ☐ – ☐ – ☐

② ★ – ▲ – ★ ☐ – ☐ – ☐

③ ◎ – ● – □ ☐ – ☐ – ☐

④ □ – ▷ – ◎ ☐ – ☐ – ☐

⑤ ▲ – ◎ – ★ ☐ – ☐ – ☐

⑥ ★ – ● – ▷ ☐ – ☐ – ☐

⑦ ▷ – □ – ▲ ☐ – ☐ – ☐

⑧ ● – ◎ – ▷ ☐ – ☐ – ☐

⑨ ◎ – ★ – □ ☐ – ☐ – ☐

⑩ □ - ▲ - ● [ ] - [ ] - [ ]

3. ① ▷ - ▲ - ▷ - ▲

[ ] - [ ] - [ ] - [ ]

② ★ - ▲ - ◎ - ▷

[ ] - [ ] - [ ] - [ ]

③ ▲ - ◎ - □ - ★

[ ] - [ ] - [ ] - [ ]

④ ▷ - ● - ▲ - ◎

[ ] - [ ] - [ ] - [ ]

⑤ □ - ★ - ◎ - ▷

[ ] - [ ] - [ ] - [ ]

⑥ ◎ – ▲ – □ – ★

⑦ ▷ – □ – ★ – ▲

⑧ ◎ – ● – ★ – ▷

⑨ ▲ – ◎ – □ – ▲

⑩ ▷ – ● – □ – ★

5) 색깔-단어 짝 연결하기

⋙ 〈보기〉의 색깔-단어 짝을 사용하여 색깔이 제시된 순서대로 단어를 나열해 보세요.

보 기

	책		바람		도서관
	모자		줄넘기		사과

〈색깔〉 〈단어〉

예 시 모자 – 사과

1.

① –

② –

③ –

④ –

⑤ –

⑥ –

⑦ [ ] – [ ]

⑧ [ ] – [ ]

2. 〈색깔〉 〈단어〉

① [ ] – [ ] – [ ]

② [ ] – [ ] – [ ]

③ [ ] – [ ] – [ ]

④ [ ] – [ ] – [ ]

⑤ [ ] – [ ] – [ ]

⑥ [ ] – [ ] – [ ]

⑦ [ ] – [ ] – [ ]

⑧ [ ] – [ ] – [ ]

6) 계산하기

⋙ 다음 문장을 읽고 간단한 계산을 해 보세요.

1. 김행순 씨는 매달 국민연금 250,000원을 받습니다. 두 달 동안 모으면 얼마인가요?

( )원

2. 김은지 씨는 매달 국민연금 500,000원을 받습니다. 1년 동안 쓰지 않고 모으면 얼마인가요?

( )원

3. 김갑자 씨는 매달 국민연금 800,000원을 받습니다. 여기서 적금 200,000원을 내면 얼마가 남나요?

( )원

4. 김민주 씨는 매달 국민연금 370,000 원을 받습니다. 여기서 실손 보험료 110,000원을 내면 얼마가 남나요?

( )원

5. 김순자 씨는 매달 국민연금 110,000원을 받습니다. 2,200,000원짜리 냉장고를 사려면 몇 달 모아야 하나요?

( )개월

6. 박순이 씨는 매달 노령 연금 310,000원을 받습니다. 석 달 동안 모으면 얼마인가요?

( )원

7. 박향순 씨는 매달 노령 연금 310,000원을 받습니다. 여기서 전화요금 12,000원을 내면 얼마가 남나요?

( )원

8. 박정아 씨는 매달 노령 연금 310,000원을 받습니다. 여기서 아들이 매달 용돈 550,000원을 보내 주면 합쳐서 얼마인가요?

( )원

9. 김순자 씨는 매달 국민연금 110,000원을 받습니다. 일 년간 순자 씨가 받는 국민연금은 얼마인가요?

( )원

10. 김순자 씨는 매달 노령 연금 310,000원을 받습니다. 일 년간 순자 씨가 받는 노령 연금은 얼마인가요?

( )원

MEMO

Level 02

2. 일상생활 연계 활동: 상징과 색깔

※ 정답은 p. 127

1) 비밀번호 찾기

》》 진우 씨는 은행 비밀번호 네 자리가 생각나지 않습니다. 그래서 아들에게 전화해 물어보았습니다. 진우 씨의 은행 비밀번호는 무엇일까요?

진우: ○○은행 비밀번호가 뭐지?
민철: 아빠, 생각 안 나세요?
우리 가족 생일의 마지막 숫자잖아요.

예 시

아빠 생일 12월 6일
엄마 생일 2월 10일
제 생일 6월 6일
민아 생일 10월 3일

비밀번호: | 6 | 0 | 6 | 3 |

1. 아빠 생일 7월 2일
엄마 생일 5월 5일
제 생일 3월 1일
민아 생일 4월 25일

비밀번호: □ □ □ □

2. 아빠 생일 3월 7일
엄마 생일 1월 9일
제 생일 5월 18일
민아 생일 2월 25일

비밀번호: □ □ □ □

3. 아빠 생일 5월 2일
엄마 생일 4월 16일
제 생일 8월 1일
민아 생일 11월 2일

비밀번호: □ □ □ □

4. 아빠 생일 4월 26일
엄마 생일 2월 5일
제 생일 9월 2일
민아 생일 7월 11일

비밀번호: □ □ □ □

5. 아빠 생일 1월 2일
엄마 생일 2월 8일
제 생일 3월 11일
민아 생일 11월 7일

비밀번호: □ □ □ □

6. 아빠 생일 8월 3일
엄마 생일 4월 15일
제 생일 2월 2일
민아 생일 9월 9일

비밀번호: □ □ □ □

7. 아빠 생일 3월 11일
엄마 생일 5월 7일
제 생일 10월 6일
민아 생일 6월 3일

비밀번호: □ □ □ □

8. 아빠 생일 10월 12일
엄마 생일 5월 15일
제 생일 1월 21일
민아 생일 4월 28일

비밀번호: □ □ □ □

9. 아빠 생일 7월 8일
엄마 생일 5월 24일
제 생일 3월 21일
민아 생일 4월 23일

비밀번호: □ □ □ □

10. 아빠 생일 7월 19일
엄마 생일 11월 5일
제 생일 6월 18일
민아 생일 1월 27일

비밀번호: □ □ □ □

2) 아이디 만들기

》》 회원가입을 위해 아이디를 만들어야 합니다.
다음의 이름을 영어 자판에서 찾아 아이디를 만들어 보세요.

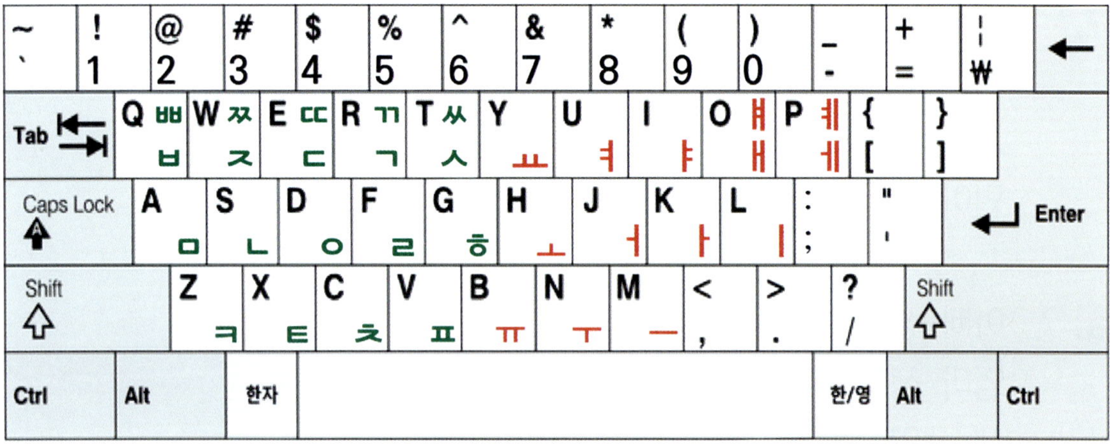

예 시 김은희 → RLADMSGML

1. 강민지 →

2. 나문희 →

3. 라인순 →

4. 모정인 →

5. 방효정 →

6. 송은아 →

7. 지민주 →

8. 추상희 →

9. 표진영 →

10. 한경아 →

»» 다음 영어 알파벳에 해당하는 한글 이름을 자판에서 찾아보세요.

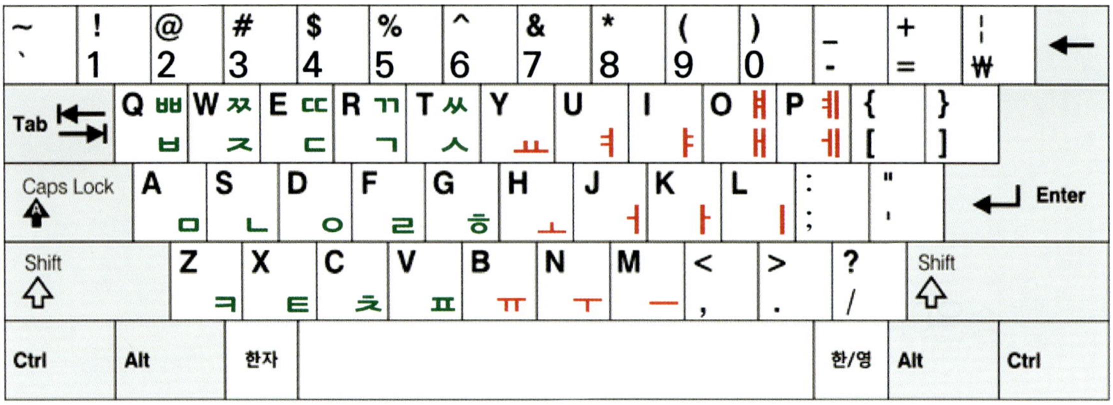

예 시 RKDGKSK → 강하나

1. DLSKDUD →

2. RLADMSGH →

3. THDDMSDK →

4. RUDTNAL →

5. FKALFKS →

6. ANSWLGP →

7. RHDALSWL →

8. WJDTHFK →

9. GKAALSWJD →

10. DKSWJDDK →

3) 비밀번호 만들기

≫ 숫자, 알파벳 소문자, 대문자, 특수문자를 조합하여 12자리의 비밀번호를 다양하게 만들어 보세요.

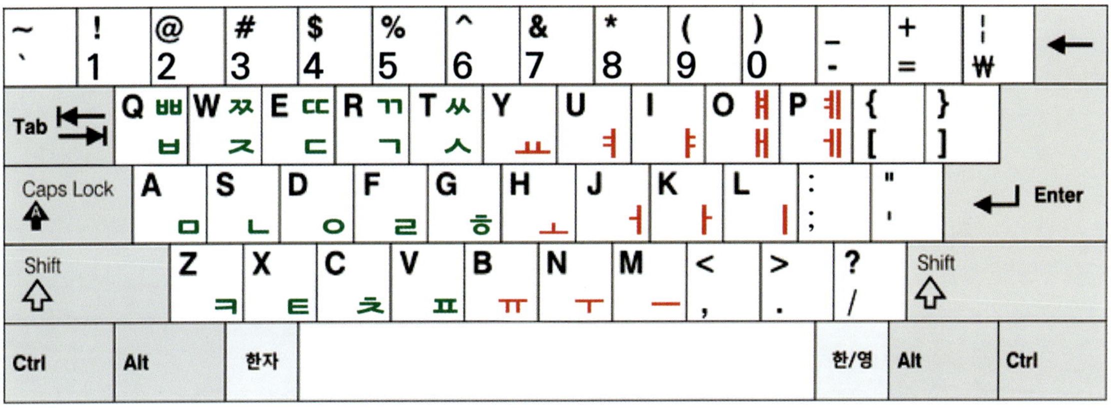

예 시

a	j	v	3	5	1	@	#	8	4	J	L

1. | | | | | | | | | | | |

2. | | | | | | | | | | | |

3. | | | | | | | | | | | |

4. ☐☐☐☐☐☐☐☐☐☐☐☐

5. ☐☐☐☐☐☐☐☐☐☐☐☐

6. ☐☐☐☐☐☐☐☐☐☐☐☐

7. ☐☐☐☐☐☐☐☐☐☐☐☐

8. ☐☐☐☐☐☐☐☐☐☐☐☐

9. ☐☐☐☐☐☐☐☐☐☐☐☐

10. ☐☐☐☐☐☐☐☐☐☐☐☐

4) 도형-단어 짝 연결하기

⋙ 〈보기〉의 도형-단어 짝을 사용하여 도형이 제시된 순서대로 단어를 나열한 후, 이들을 문장으로 만들어 보세요.

보 기

□ - 의자	▲ - 냉장고	◎ - 의사
▷ - 꽃	★ - 주스	● - 버스

예 시

□ - ▲: 의자 - 냉장고

방에 **의자**를 놓고 **냉장고**에 식료품을 넣었습니다.

□ - ▲ - ★: 의자 - 냉장고 - 주스

방에 **의자**를 놓고 **냉장고**에서 **주스**를 꺼내 마셨습니다.

1. ① ▷ - ▲ [ ] - [ ]

____

② ★ - ▲ [ ] - [ ]

____

③ ● - □ [ ] - [ ]

④ ▷ - ◎ [ ] - [ ]

⑤ ◎ - ★ [ ] - [ ]

⑥ □ - ▷ [ ] - [ ]

⑦ ★ - ● [ ] - [ ]

⑧ □ - ◎ [ ] - [ ]

⑨ ▷ – ★ [ ] – [ ]

⑩ ◎ – ● [ ] – [ ]

2. ① ▷ – ▲ – ★ [ ] – [ ] – [ ]

② ★ – ▲ – ◎ [ ] – [ ] – [ ]

③ ◎ – □ – ● [ ] – [ ] – [ ]

④ ● – ★ – ▷ [ ] – [ ] – [ ]

⑤ □ - ◎ - ★ ( ) - ( ) - ( )

⑥ ▷ - □ - ▲ ( ) - ( ) - ( )

⑦ ★ - ▷ - ● ( ) - ( ) - ( )

⑧ ◎ - ● - □ ( ) - ( ) - ( )

⑨ ● - ◎ - ▲ ( ) - ( ) - ( )

⑩ ▷ - ★ - □ ( ) - ( ) - ( )

5) 색깔-단어 짝 연결하기

⟫ 〈보기〉의 색깔-단어 짝을 사용하여 색깔이 제시된 순서대로 단어를 나열한 후, 이들을 문장으로 만들어 보세요.

보 기

	책		바람		도서관
	모자		줄넘기		사과

1.

	〈색깔〉	〈단어〉
예 시		모자 – 사과

<u>한 손에는 **모자**를, 한 손에는 **사과**를 들고 있었다.</u>

① [ ] – [ ]

____

② [ ] – [ ]

____

③ —

④ —

⑤ —

⑥ —

⑦ —

⑧ —

2.

①

②

③

④
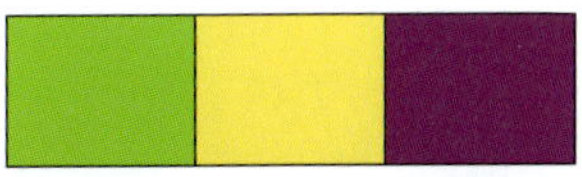

⑤
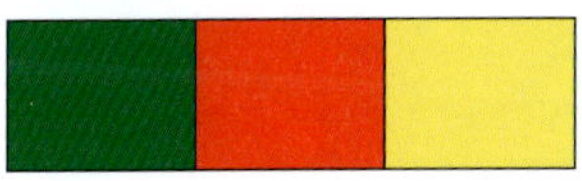

⑥ 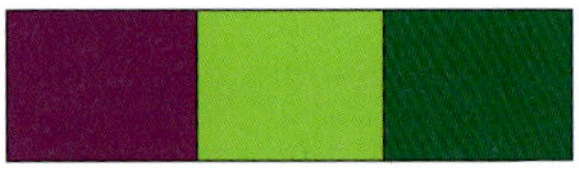 [ ] - [ ] - [ ]

⑦  [ ] - [ ] - [ ]

⑧ 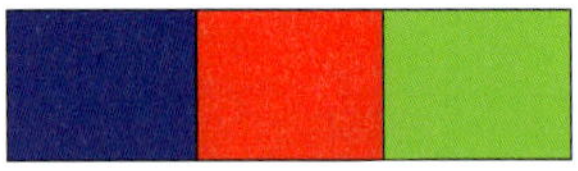 [ ] - [ ] - [ ]

6) 계산하기

⋙ 다음 문장을 읽고 간단한 계산을 해 보세요.

1. 정아 씨는 점심으로 9,000원짜리 순두부찌개를 먹고 3,000원짜리 커피를 마셨습니다. 정아 씨가 쓴 돈은 얼마인가요?

( )원

2. 정아 씨는 내일 아침으로 먹으려고 식빵을 3,500원에 하나 사고 1리터 우유를 2,800원에 샀습니다. 정아 씨가 쓴 돈은 얼마인가요?

( )원

3. 정아 씨는 영화관에서 영화표를 15,000원 주고 산 후에 7,500원짜리 팝콘과 콜라 세트를 사 먹었습니다. 정아 씨가 극장에서 얼마를 썼나요?

( )원

4. 정아 씨는 친구와 아구찜 55,000원짜리 하나를 시켜 먹고 후식으로 3,000원짜리 커피 두 잔을 샀습니다. 오늘은 정아 씨가 밥과 차를 사기로 했는데요, 정아 씨는 얼마를 내야 하나요?

( )원

5. 정아 씨는 친구와 만두전골 35,000원짜리 하나를 시켜 먹고 후식으로 4,500원짜리 커피 두 잔을 샀습니다. 정아 씨는 친구와 똑같이 나누어 계산하기로 했는데요, 정아 씨와 친구는 각각 얼마씩 내야 하나요?

( )원

6. 진아 씨는 신발 가게에서 신발을 샀습니다. 90,000원짜리 단화인데 10% 할인을 받았습니다. 진아 씨는 얼마를 내야 하나요?

( )원

7. 진아 씨는 옷 가게에서 운동복을 샀습니다. 상하의가 150,000원인데 50% 할인을 받았습니다. 진아 씨는 얼마를 내야 하나요?

( )원

8. 진아 씨는 과일 가게에서 과일을 샀습니다. 사과 한 봉지에 10,000원, 포도 한 상자에 16,000원이었습니다. 진아 씨는 50,000원짜리를 내고 얼마의 거스름돈을 받아야 하나요?

( )원

9. 진아 씨는 시장에서 장을 보았습니다. 집에서 나갈 때 지갑에 50,000원짜리 한 장, 10,000원짜리 석 장을 들고 나갔습니다. 생선 가게에서 조기 세 마리에 12,000원, 굴 1kg에 9,000원을 주었고 야채 가게에서 한 단에 3,000원짜리 시금치 두 단을 샀습니다.

장을 보고 난 후 진아 씨의 지갑에는 얼마가 남아 있을까요?

( )원

10. 진아 씨는 마트에서 장을 보았습니다. 지난 명절에 딸이 준 50,000원짜리 마트 상품권을 사용하려고 지갑에 넣어 두었습니다. 세 켤레에 10,000원짜리 양말을 사고 다섯 개에 10,000원짜리 사과를 샀습니다. 상품권은 60% 이상 사용해야 현금으로 거스름돈을 받을 수 있다고 합니다.

현금으로 거스름돈을 받으려면 진아 씨는 얼마를 더 써야 할까요?

( )원

Level 01

3. 일상생활 연계 활동: 그리기

※ 정답은 p. 132

1) 어떤 색깔일까

≫ 다음 사물의 색깔을 칠해 보세요.

1. 병아리

2. 사과

3. 바둑돌

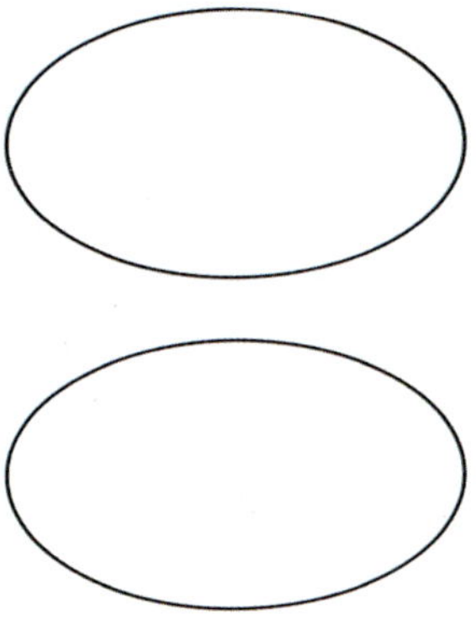

4. 참외

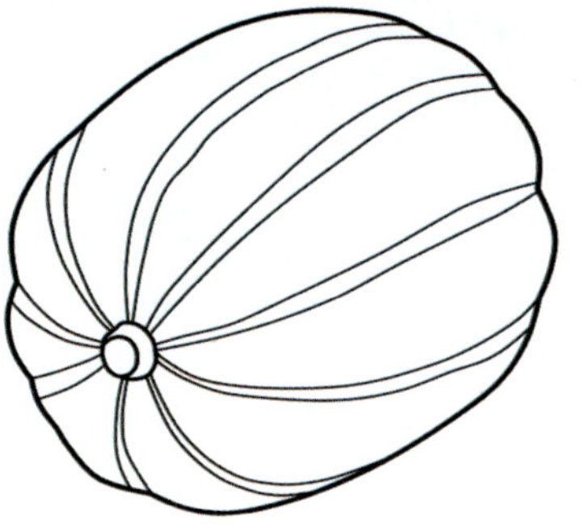

5. 김

6. 제비꽃

7. 오미자

8. 까마귀

9. 시금치

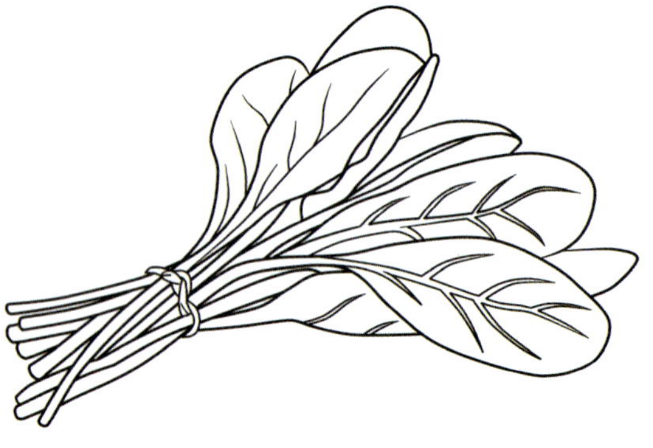

10. 홍시

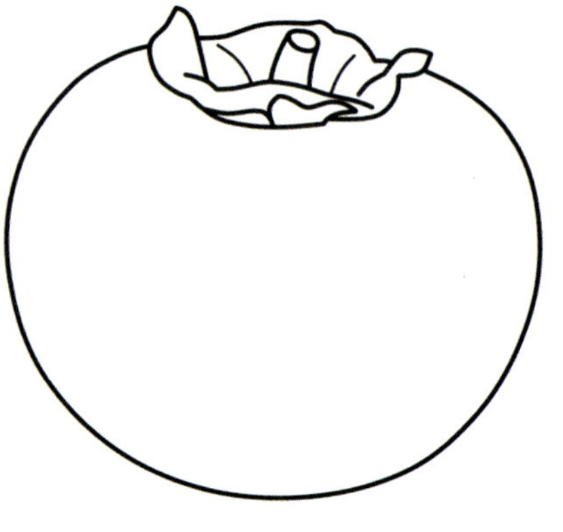

2) 외출 준비하기

››› 오늘은 날씨가 따뜻해 티셔츠와 바지를 입고 외출하려 합니다.
문장을 읽은 후 입고 나갈 옷 색깔을 기억하여 색칠해 보세요.

1. 빨간색 티셔츠를 입고 하얀색 바지를 입습니다.

2. 파란색 티셔츠를 입고 검은색 바지를 입습니다.

3. 보라색 티셔츠를 입고 초록색 바지를 입습니다.

4. 주황색 티셔츠를 입고 회색 바지를 입습니다.

5. 하늘색 티셔츠를 입고 노란색 바지를 입습니다.

6. 검은색 티셔츠를 입고 분홍색 바지를 입습니다.

7. 하얀색 티셔츠를 입고 빨간색 바지를 입습니다.

8. 파란색 티셔츠를 입고 자주색 바지를 입습니다.

9. 연두색 티셔츠를 입고 하얀색 바지를 입습니다.

10. 노란색 티셔츠를 입고 갈색 바지를 입습니다.

※ 다음 페이지 그림 1~10으로 이동

그림 1.

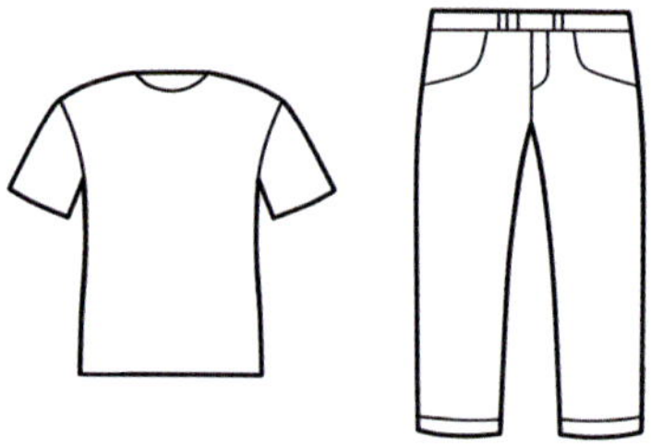

그림 2.

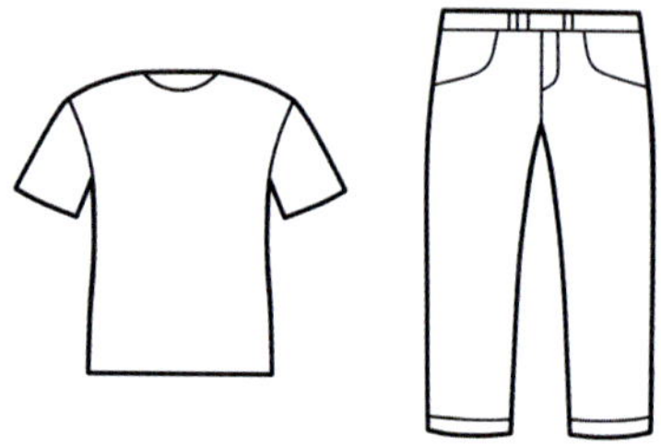

그림 3.

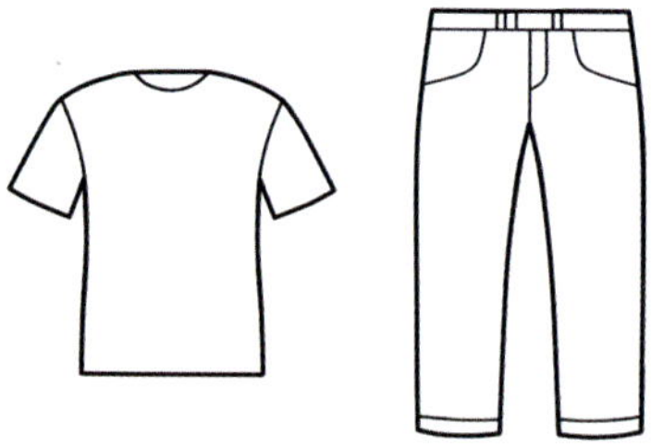

그림 4.

그림 5.

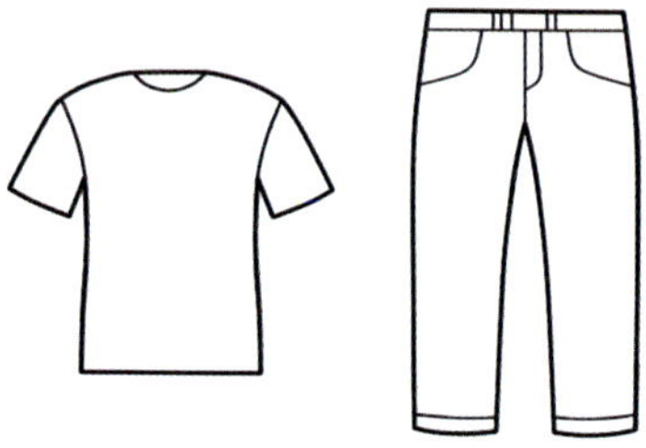

그림 6.

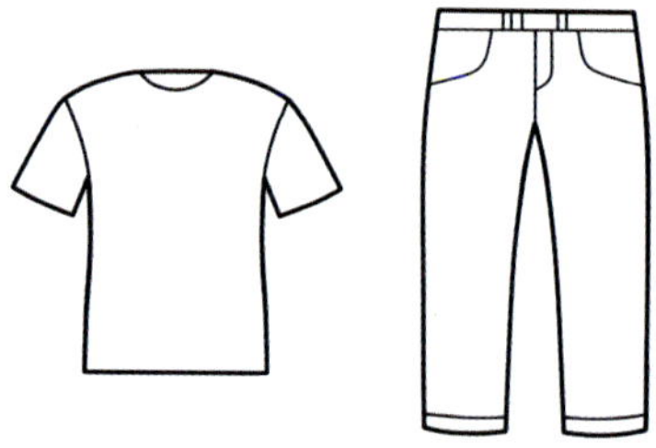

그림 7.

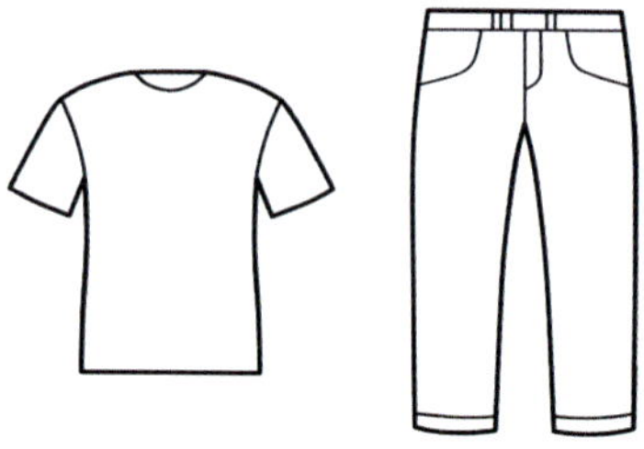

그림 8.

그림 9.

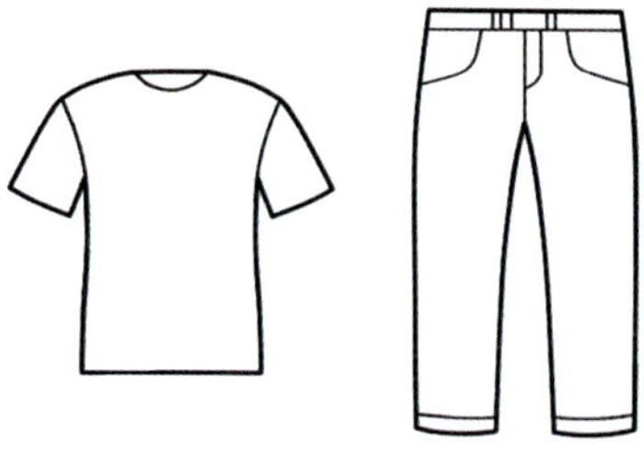

그림 10.

3) 떠올려 그리기

≫ 다음 사물을 그릴 때 반드시 들어가야 할 것이 무엇인지 써 보고 그림으로 완성해 보세요.

1. 나무

반드시 들어가야 할 것	그림

2. 우산

반드시 들어가야 할 것	그림

3. 해바라기

반드시 들어가야 할 것	그림

4. 나비

반드시 들어가야 할 것	그림

5. 잠자리

반드시 들어가야 할 것	그림

6. 집

반드시 들어가야 할 것	그림

7. 수박

반드시 들어가야 할 것	그림

8. 시계

반드시 들어가야 할 것	그림

9. 버스

반드시 들어가야 할 것	그림

10. 선풍기

반드시 들어가야 할 것	그림

Level 02

4. 일상생활 연계 활동: 그리기

※ 정답은 p. 136

1) 어떤 색깔일까

>>> 다음 문장을 읽고 색깔을 순서대로 칠해 보세요.

1. 노란색 바나나가 갈색 탁자 위에 놓여 있다.

2. 빨간색 장미 두 송이와 주황색 장미 세 송이가 피었다.

3. 검은색 바탕에 하얀색 점이 있는 강아지가 지나갔다.

4. 노란색 우비를 입은 아이들이 초록색 신호등으로 바뀌자 재빨리 뛰어갔다.

5. 파란색 겉표지에 검은색 글씨로 책 제목이 쓰여 있었다.

6. 하얀색 손수건에 제비꽃이 수놓아져 있었다.

7. 봄이 되자 개나리와 진달래가 피었다.

8. 까마귀가 홍시를 먹고 있었다.

9. 참외와 시금치가 장바구니에 담겨 있었다.

10. 오미자와 김의 가격이 올랐다.

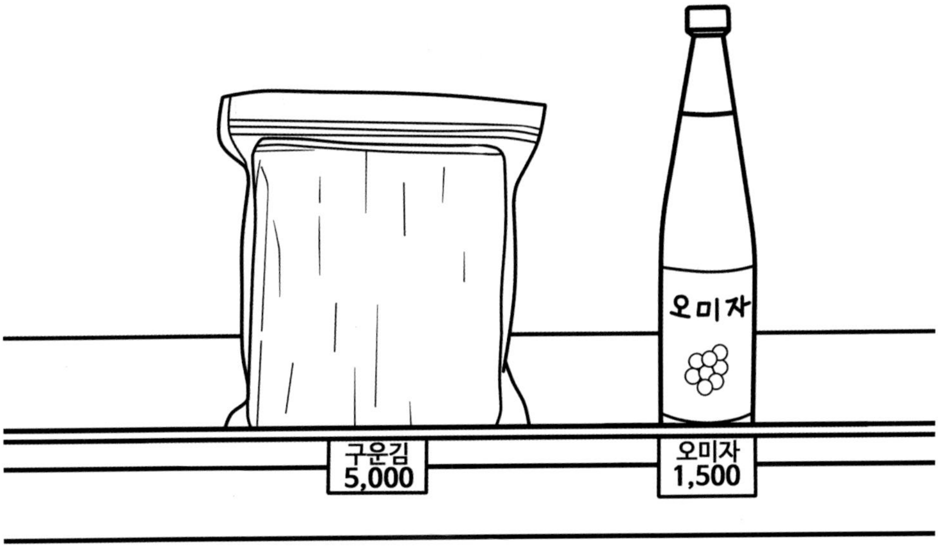

MEMO

2) 외출 준비하기

≫ 오늘은 날씨가 추워 점퍼와 바지를 입고 외출하려 합니다.
문장을 읽은 후 입고 나갈 옷 색깔을 기억하여 색칠해 보세요.

1. 빨간색 목도리를 두르고, 검은색 점퍼와 검은색 바지를 입습니다.

2. 하얀색 목도리를 두르고, 노란색 점퍼와 분홍색 바지를 입습니다.

3. 파란색 목도리를 두르고, 빨간색 점퍼와 주황색 바지를 입습니다.

4. 노란색 목도리를 두르고, 갈색 점퍼와 하얀색 바지를 입습니다.

5. 보라색 목도리를 두르고, 파란색 점퍼와 회색 바지를 입습니다.

※ 다음 페이지 그림 1~5로 이동

그림 1.

그림 2.

그림 3.

그림 4.

그림 5.

6. 하늘색 목도리를 두르고, 살구색 점퍼와 검은색 바지를 입습니다.

7. 회색 목도리를 두르고, 분홍색 점퍼와 노란색 바지를 입습니다.

8. 남색 목도리를 두르고, 하얀색 점퍼와 초록색 바지를 입습니다.

9. 빨간색 목도리를 두르고, 검은색 점퍼와 파란색 바지를 입습니다.

10. 초록색 목도리를 두르고, 회색 점퍼와 빨간색 바지를 입습니다.

※ 다음 페이지 그림 6~10으로 이동

그림 6.

그림 7.

그림 8.

그림 9.

그림 10.

3) 떠올려 그리기

≫ 다음 사물을 그릴 때 반드시 들어가야 할 것이 무엇인지 써 보고 그림으로 완성해 보세요.

1. 가위

반드시 들어가야 할 것	그림

2. 의자

반드시 들어가야 할 것	그림

3. 숟가락

반드시 들어가야 할 것	그림

4. 젓가락

반드시 들어가야 할 것	그림

5. 물고기

반드시 들어가야 할 것	그림

6. 오징어

반드시 들어가야 할 것	그림

7. 안경

반드시 들어가야 할 것	그림

8. 자동차

반드시 들어가야 할 것	그림

9. 냉장고

반드시 들어가야 할 것	그림

10. 자전거

반드시 들어가야 할 것	그림

MEMO

Level 01

5. 일상생활 연계 활동: 기타

※ 정답은 p. 141

1) 새로운 인사법 익히기

≫ '안녕하세요'를 세계 각국의 언어로 배워 보세요.

 중국 니하오	 일본 오하이오 고자이마스	 베트남 씬짜오
 태국 사와디캅(카)	 인도 나마스테	 프랑스 봉쥬르
 스페인 부에노스 디아스	 독일 구텐 모르겐	 미국 헬로우

※ 다음 페이지 문제로 이동

⋙ 각 나라의 인사말을 찾아 줄을 그어 보세요.

한국 •	• 안녕하세요
중국 •	• 구텐 모르겐
일본 •	• 봉쥬르
베트남 •	• 헬로우
태국 •	• 오하이오 고자이마스
인도 •	• 니하오
프랑스 •	• 씬짜오
스페인 •	• 나마스테
독일 •	• 부에노스 디아스
미국 •	• 사와디캅(카)

2) 일기예보 이해하기

》 내일의 날씨를 나타내는 그림입니다. 질문에 알맞은 답을 써 보세요.

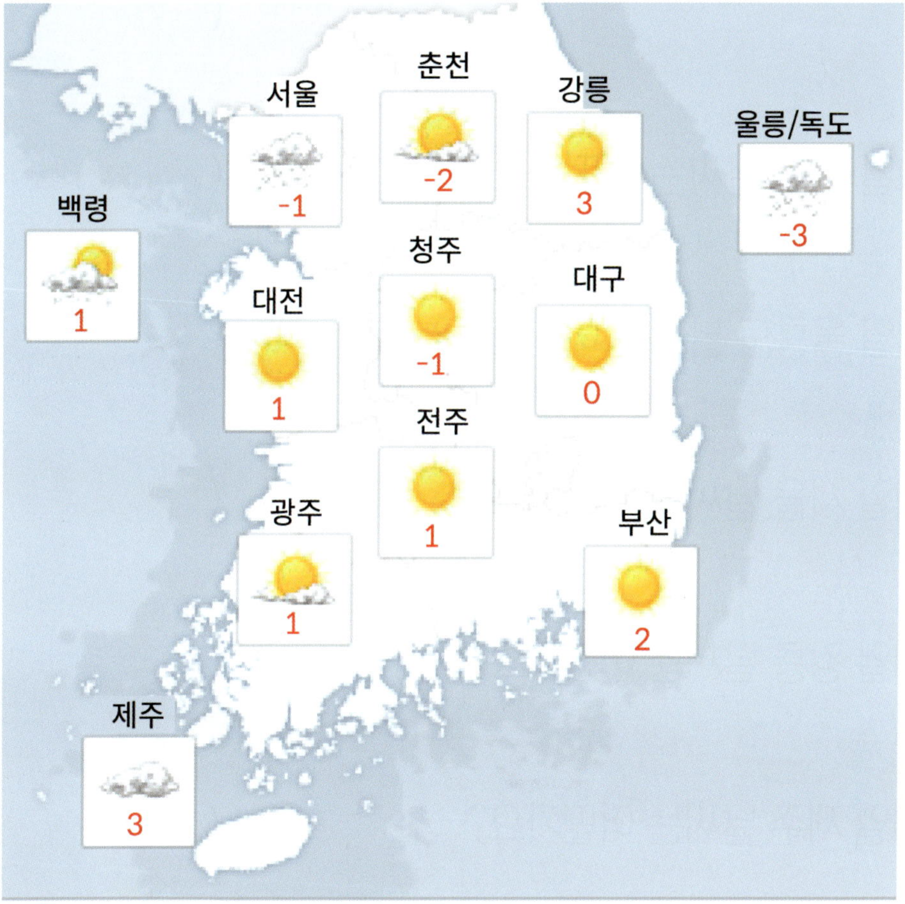

1. 내일 눈이 오는 지역은 어디인가요? (   )

2. 내일 가장 기온이 낮은 곳은 어디인가요? (   )

3. 내일 가장 기온이 높은 곳은 어디인가요? (　　　　　　)

4. 내일 기온이 영하로 떨어지는 곳은 어디인가요?
(　　　　　　)

5. 내일 춘천 날씨는 어떤가요? (　　　　　　)

6. 내일 울릉도 날씨는 어떤가요? (　　　　　　)

7. 내일 서울 날씨는 어떤가요? (　　　　　　)

8. 내일 강릉 날씨는 어떤가요? (　　　　　　)

9. 내일 제주 날씨는 어떤가요? (　　　　　　)

10. 내일 대구 날씨는 어떤가요? (　　　　　　)

3) 장소 말하기

》 다음 사진 속의 장소가 어디인지 말하거나 써 보세요.

1.

(   )

2.

(   )

3.

(　　　　　　　　　　　　)

4.

(　　　　　　　　　　　　)

5.

(   )

6.

(   )

7.

(   )

8.

(   )

9.

(   )

10.

(   )

4) 거울에 비친 시계 읽기

》》 김영이 씨는 청소를 하다가 시계를 뒤집어 놓았습니다. 뒤집힌 시계를 보고 몇 시인지 말하거나 써 보세요.

예 시

(10시 39분)

1.

(　　　　　　　　　　)

2.

(　　　　　　　　　　)

3.

(　　　　　　　　　　)

4.

(　　　　　　　　　　)

5.

(　　　　　　　　　　)

6.

(　　　　　　　　　　)

7.

(　　　　　　　　　　)

8.

(　　　　　　　　　　)

9.

(　　　　　　　　　　　　　　　　)

10.

(　　　　　　　　　　　　　　　　)

5) 안내문 이해하기

>>> 다음 안내문을 읽고 질문에 대답해 보세요.

1.

① 폭염은 무슨 뜻인가요?

---

② 논밭에서 일하다가 작업을 멈추어야 하는 시간은 언제인가요?

---

③ 뜨거운 폭염에는 어떻게 행동해야 하나요?

2.

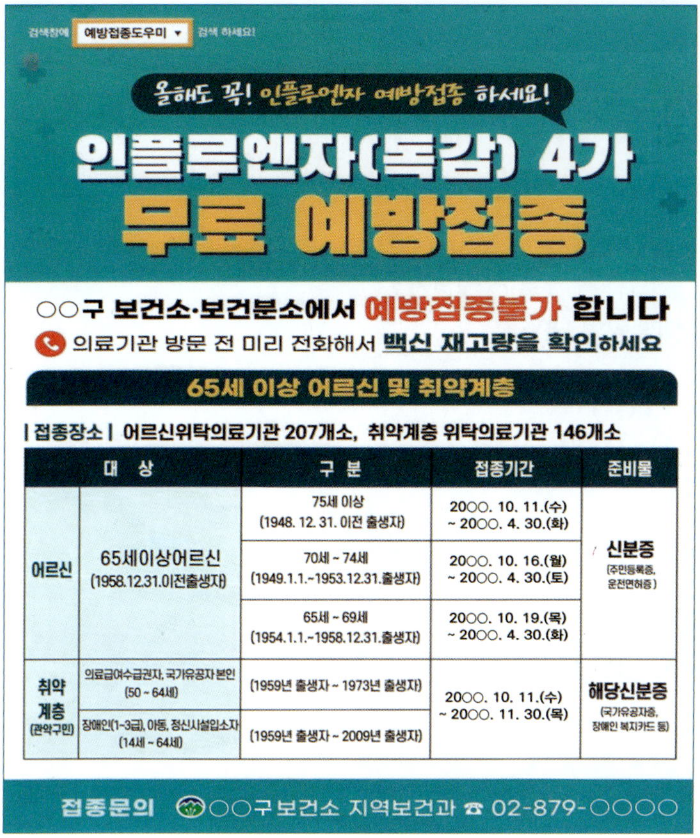

검색창에 예방접종도우미 ▾ 검색 하세요!

올해도 꼭! 인플루엔자 예방접종 하세요!

인플루엔자(독감) 4가
무료 예방접종

○○구 보건소·보건분소에서 예방접종불가 합니다

의료기관 방문 전 미리 전화해서 **백신 재고량을 확인하세요**

65세 이상 어르신 및 취약계층

| 접종장소 | 어르신위탁의료기관 207개소, 취약계층 위탁의료기관 146개소

대 상		구 분	접종기간	준비물
어르신	65세이상어르신 (1958.12.31.이전출생자)	75세 이상 (1948. 12. 31. 이전 출생자)	20○○. 10. 11.(수) ~ 20○○. 4. 30.(화)	신분증 (주민등록증, 운전면허증)
		70세 ~ 74세 (1949.1.1.~1953.12.31.출생자)	20○○. 10. 16.(월) ~ 20○○. 4. 30.(토)	
		65세 ~ 69세 (1954.1.1.~1958.12.31.출생자)	20○○. 10. 19.(목) ~ 20○○. 4. 30.(화)	
취약계층 (관악구민)	의료급여수급권자, 국가유공자 본인 (50 ~ 64세)	(1959년 출생자 ~ 1973년 출생자)	20○○. 10. 11.(수) ~ 20○○. 11. 30.(목)	해당신분증 (국가유공자증, 장애인 복지카드 등)
	장애인(1~3급), 아동, 정신시설입소자 (14세 ~ 64세)	(1959년 출생자 ~ 2009년 출생자)		

접종문의 ○○구보건소 지역보건과 ☎ 02-879-○○○○

① 독감 무료 접종은 몇 살부터인가요?

② 가장 먼저 접종할 수 있는 나이는 몇 살부터인가요?

③ 73세 어르신은 언제 맞을 수 있나요?

3.

① 휘호는 무슨 뜻인가요?

② 행사 장소는 어디인가요?

③ 접수는 어떻게 하나요?

4.

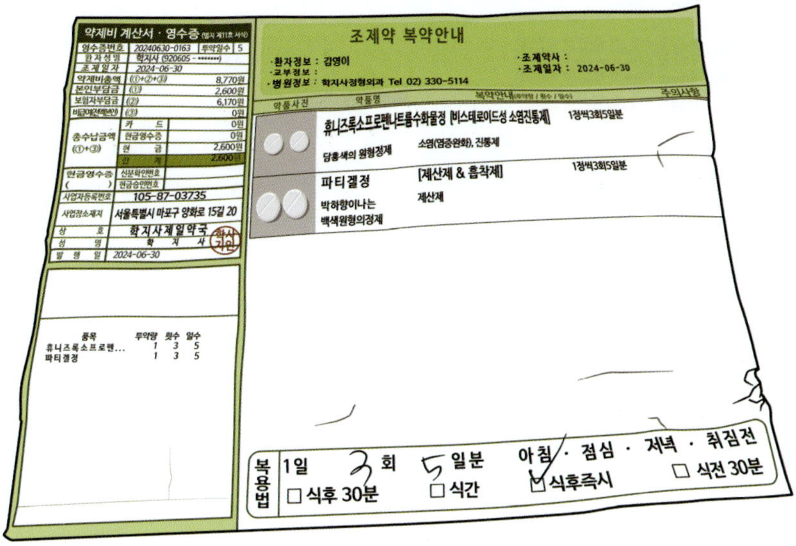

김영이 씨는 허리가 아파 정형외과를 방문한 후 약국에서 약을 받아 왔습니다. 복약 안내서를 잘 읽고 질문에 대답해 보세요.

① 김영이 씨는 어떤 약을 처방받았나요?

---

② 며칠 동안 약을 먹어야 하나요?

---

③ 언제 약을 먹어야 하나요?

5.

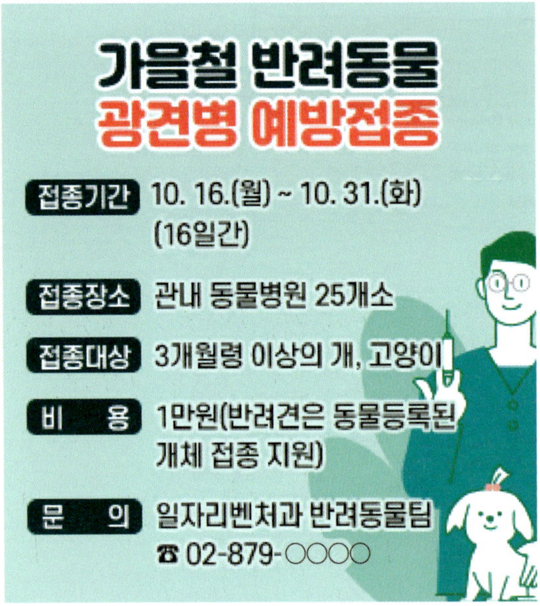

① 반려동물은 무슨 뜻인가요?

② 접종 장소는 어디인가요?

③ 접종 비용은 얼마인가요?

6) 주문하기

››› 정아 씨는 바리스타 자격증을 따고 '마음대로'라는 실버 카페에 취업했습니다. 손님의 주문 내용을 잘 기억하세요.

1. 손님: 카페라떼 한 잔, 아메리카노 두 잔이요.

※ 다음 페이지 문제 1로 이동

2. 손님: 오미자차 한 잔, 생강차 한 잔이요.

※ 다음 페이지 문제 2로 이동

3. 손님: 아메리카노 한 잔 샷 추가요.

※ 다음 페이지 문제 3으로 이동

4. 손님: 카푸치노 한 잔, 바닐라라떼 한 잔이요.

※ 다음 페이지 문제 4로 이동

5. 손님: 쌍화차 한 잔, 오미자차 한 잔, 생강차 한 잔이요.

※ 다음 페이지 문제 5로 이동

>>> 앞에서 기억한 내용을 떠올리며 질문에 대답해 보세요.

문제 1. 정아 씨는 어떤 주문을 받았나요?

____

문제 2. 정아 씨는 어떤 주문을 받았나요?

____

문제 3. 정아 씨는 어떤 주문을 받았나요?

____

문제 4. 정아 씨는 어떤 주문을 받았나요?

____

문제 5. 정아 씨는 어떤 주문을 받았나요?

____

≫ 정아 씨는 식당에 취업했습니다. 손님의 주문 내용을 잘 기억하세요.

1. 손님: 비빔냉면 둘, 물냉면 하나요.

※ 다음 페이지 문제 1로 이동

2. 손님: 비빔냉면 하나, 녹두 빈대떡 하나요.

※ 다음 페이지 문제 2로 이동

3. 손님: 물냉면 둘, 수육 하나요.

※ 다음 페이지 문제 3으로 이동

4. 손님: 만두전골 중자, 녹두 빈대떡 하나요.

※ 다음 페이지 문제 4로 이동

5. 손님: 어복쟁반 대자, 만두 하나요.

※ 다음 페이지 문제 5로 이동

››› 앞에서 기억한 내용을 떠올리며 질문에 대답해 보세요.

문제 1. 정아 씨는 어떤 주문을 받았나요?

____

문제 2. 정아 씨는 어떤 주문을 받았나요?

____

문제 3. 정아 씨는 어떤 주문을 받았나요?

____

문제 4. 정아 씨는 어떤 주문을 받았나요?

____

문제 5. 정아 씨는 어떤 주문을 받았나요?

____

7) 키오스크 이용하기

>>> 키오스크를 보고 질문에 대답해 보세요.

1. 키오스크는 무슨 뜻인가요?

   ____

   키오스크가 설치된 곳은 어디일까요?

   ____

2. 테이크아웃은 무슨 뜻인가요?

   ____

   테이크아웃은 어떤 매장에서 하나요?

   ____

3. 단품/세트는 무슨 뜻인가요?

   ____

4. 사이드는 무슨 뜻인가요?

   ____

≫ 아래 지시에 맞게 키오스크 버튼을 눌러 보세요.

5.

주문을 원하면 '주문하기' 부분을 손가락으로 누른다.

6.

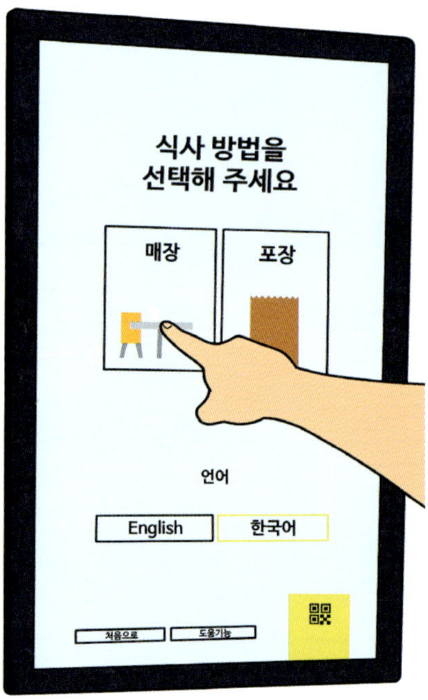

식사 장소를 선택한다.

1〉 매장에서 식사

2〉 포장(테이크아웃)

7.

메뉴를 선택한다.

1〉 버거

2〉 사이드

3〉 커피

4〉 음료

8.

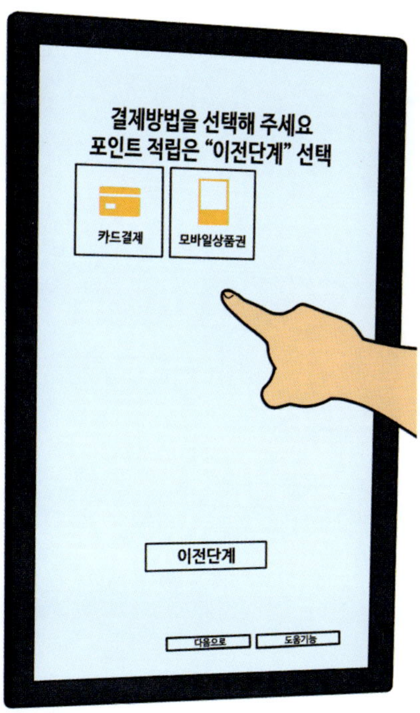

결제 수단을 선택한다.

1〉 카드

2〉 모바일상품권

9.

영수증을 받고 주문 번호를 확인한다.

Level 02

6. 일상생활 연계 활동: 기타

※ 정답은 p. 145

1) 새로운 인사법 익히기

››› '고맙습니다'를 세계 각국의 언어로 배워 보세요.

 중국 씨에씨에	 일본 아리가또 고자이마스	 베트남 깜언
 태국 컵쿤카(컵쿤크랍)	 러시아 쓰바씨바	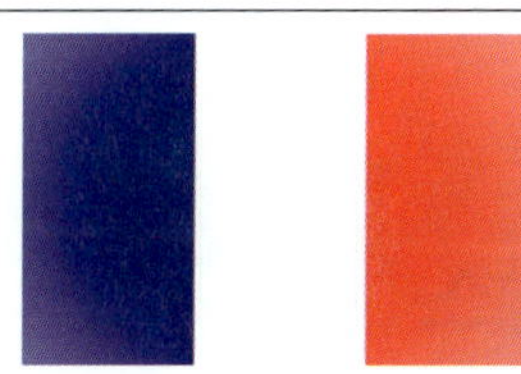 프랑스 메르시
 스페인 그라시아스	 독일 당케	 미국 땡큐

※ 다음 페이지 문제로 이동

››› 각 나라의 인사말을 찾아 줄을 그어 보세요.

한국 •	• 고맙습니다
중국 •	• 아리가또 고자이마스
일본 •	• 깜언
베트남 •	• 그라시아스
태국 •	• 쓰바씨바
러시아 •	• 컵쿤카(컵쿤크랍)
프랑스 •	• 땡큐
스페인 •	• 씨에씨에
독일 •	• 메르시
미국 •	• 당케

2) 일기예보 이해하기

⋙ 다음 일기예보를 보고 질문에 대답해 보세요.

1. 전국이 모두 맑은 날은 며칠인가요? (   )
2. 최저 기온이 가장 낮은 요일은 언제인가요? (   )
3. 최고 기온이 가장 높은 요일은 언제인가요? (   )
4. 전국에 비가 오는 날은 언제인가요? (   )
5. 영남 지역에 비가 오지 않는 날은 언제인가요? (   )
6. 제주 지역에 비가 오는 날은 언제인가요? (   )
7. 영남 지역에 비가 오는 날은 언제인가요? (   )
8. 전국 어느 곳에도 비가 오지 않는 날은 언제인가요?

(   )

3) 장소 말하기

》 아래 그림은 무엇인가요? 이것은 어디에 있나요?

1.

(　　　　　　　　　　　　　　　　　　　　)

2.

(　　　　　　　　　　　　　　　　　　　　)

3.

(   )

4.

(   )

5.

(   )

6.

(   )

7.

(　　　　　　　　　　　　　　　　　　　　)

8.

(　　　　　　　　　　　　　　　　　　　　)

9.

(   )

10.

(   )

4-1) 거울에 비친 시계 읽기 ①

≫ 김영이 씨는 헬스장에서 운동을 하다가 거울에 비친 시계를 보았습니다. 좌우가 바뀐 시계를 보고 몇 시인지 말하거나 써 보세요.

예 시

(2시 40분)

1.

(　　　　　　　　　　)

2.

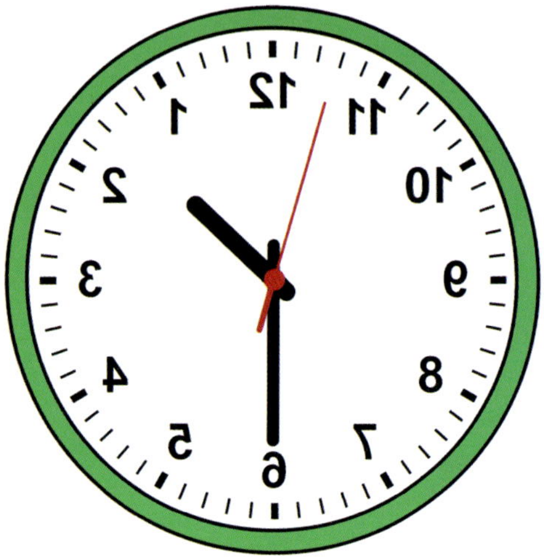

(　　　　　　　　　　)

3.

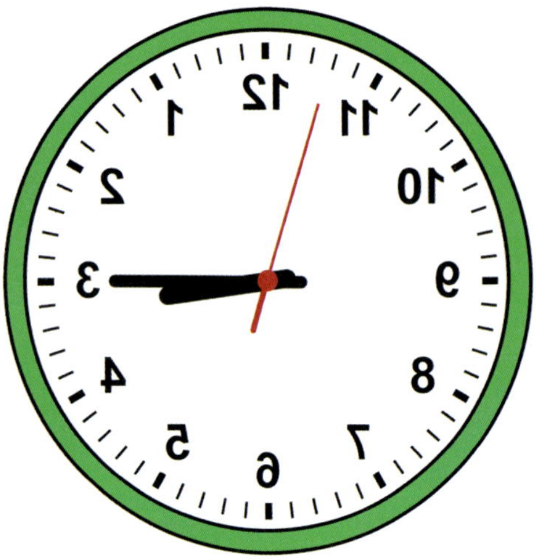

(　　　　　　　　　　)

4.

(　　　　　　　　　　)

5.

(　　　　　　　　　　)

6.

(　　　　　　　　　　)

7.

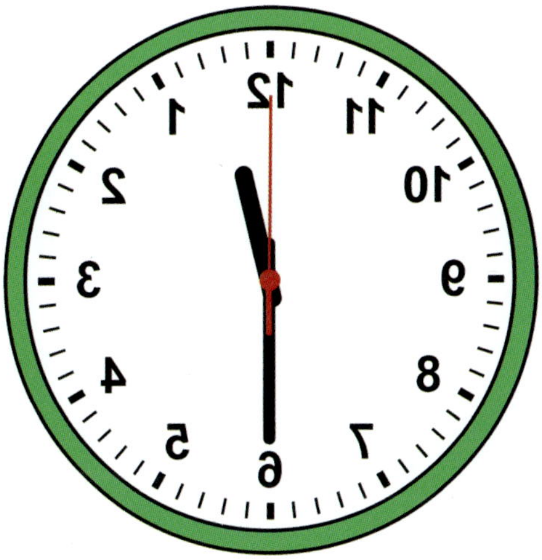

(　　　　　　　　　　)

8.

(　　　　　　　　　　)

9.

(   )

10.

(   )

4-2) 거울에 비친 시계 읽기 ②

››› 다음 중에서 시간이 다른 하나를 골라 보세요.

1.

①

②

③

2.

①

②

③

3.

①	②	③

4.

①	②	③

5.

①	②	③

6.

①	②	③

7.

①	②	③

8.

①	②	③

9.

①

②

③

10.

①

②

③

5) 안내문 이해하기

≫ 다음 안내문을 읽고 질문에 대답해 보세요.

1.

① 페트병을 모아 가면 무엇을 주나요?

____

② 어디로 가져가야 하나요?

____

③ 무슨 요일에 가져가야 하나요?

____

④ 투명 페트병 500밀리리터짜리 80개를 가져가면 종량제 봉투 10리터짜리 몇 장을 받을 수 있나요?

____

2.

군포철쭉축제: 4. 28.~4. 30.

[지하철로 오는 길]

<철쭉동산/철쭉공원(차없는 거리> 4호선 수리산역 3번 출구 도보로 3분!!

<초막골 생태공원> 4호선 수리산역 3번 출구에서 도보로 15분

<시청> 4호선 산본역 3번 출구에서 도보로 5분

<문화예술회관> 4호선 산본역 3번 출구에서 도보로 15분

※ 주차 공간이 부족할 수 있으니 가급적 대중교통을 이용해 주시기 바랍니다.

① 군포 철쭉 축제는 언제인가요?

---

② 지하철로 철쭉동산에 가려고 합니다. 어느 역에서 내려야 하나요?

---

③ 지하철역에서 초막골 생태공원까지 도보로 이동할 때 시간이 얼마나 걸리나요?

3.

정규 교육프로그램

구분	강좌명	요일	시간
음악	함께 감상하며 노래하는 클래식	목	10:00~12:00
	성악가곡 마스터클래스	금	15:00~17:00
	추억의 멜로디 하모니카(기초)	월	10:00~11:30
	추억의 멜로디 하모니카(심화)	월	11:30~13:00
	알로하! 하와이언 우쿨렐레	목	11:00~12:30
	함께 연주하는 통기타(기초)	월	11:00~12:30
	함께 연주하는 통기타(심화)	수	11:00~12:30
	아름다운 선율 플루트	목	9:00~11:00
	쉽게 배우는 오카리나	월	13:30~15:00
	장구로 배우는 우리문화	월	14:00~16:00

① 프로그램 접수 기간은 언제인가요?

② 프로그램 수강 기간은 언제인가요?

③ 접수 방법은 어떻게 되나요?

④ '함께 연주하는 통기타(기초)'는 무슨 요일인가요?

⑤ '장구로 배우는 우리문화'는 몇 시부터 몇 시까지인가요?

6) 주문하기/예약하기

1. 향란 씨는 친구와 카페에 갔습니다.

향란 씨: 뭐 마실 거야?
친구: 나는 '아아'
향란 씨: '아아'가 뭐야?
친구: 아이스아메리카노. 요즘 애들은 다 그렇게 말해. 우리 손녀가 알려 줬어.
향란 씨: 나는 카푸치노 마셔야겠다.

향란 씨는 무엇을 주문해야 할까요?

---

2. 영순 씨는 친구들과 카페에 갔습니다. 친구들을 대신하여 영순 씨가 주문을 하러 갑니다.

친구1: 나는 아이스 아메리카노.
친구2: 나도. 얼음 많이.
친구3: 나는 카페라떼.
친구4: 나도.
영순씨: 나는 생과일주스 먹어야겠다.

영순 씨는 주문대에 가서 뭐라고 말해야 하나요?

---

3. 금자 씨는 이번 주 금요일 미용실에서 염색과 파마를 하려고 합니다. 미용실에 전화를 걸어 예약하려면 뭐라고 말해야 하나요?

미용사: 폭스헤어입니다.

금자 씨: ________________________________

미용사: 언제로 할까요?

금자 씨: ________________________________

미용사: 예약 가능한지 한번 보겠습니다.

금자 씨: ________________________________

미용사: 열한 시 괜찮으세요?

금자 씨: ________________________________

미용사: 저희가 열한 시에 문을 열어서요.

금자 씨: ________________________________

미용사: 성함이 어떻게 되세요?

금자 씨: ________________________________

미용사: 연락처가 어떻게 되세요?

금자 씨: ________________________________

미용사: 네, 이번 주 금요일 열한 시 김금자 님 예약되셨습니다.

4. 금자 씨는 이번 주 토요일 친구들과 점심 식사를 하기로 했습니다. 동네에 있는 '고향의 맛' 갈비집에서 12시 30분에 5명이 모이려면 뭐라고 예약해야 하나요?

식당 종업원: 고향의 맛입니다.

금자 씨: ______________________________

식당 종업원: 언제로 할까요?

금자 씨: ______________________________

식당 종업원: 몇 분이세요?

금자 씨: ______________________________

식당 종업원: 어느 분 성함으로 예약해 드릴까요?

금자 씨: ______________________________

식당 종업원: 전화번호가 어떻게 되나요?

금자 씨: ______________________________

식당 종업원: 이번 주 토요일 열두 시 반 다섯 분 김금자 님으로 예약 되셨습니다.

금자 씨: ______________________________

5. 금자 씨는 눈이 침침해서 안과 진료를 받아 보려고 합니다. 병원에 예약하려면 뭐라고 말해야 하나요?

상담원: 보여 안과입니다.

금자 씨: ______________________________

상담원: 어디가 불편하세요?

금자 씨: ______________________________

상담원: 언제로 예약해 드릴까요?

금자 씨: ______________________________

상담원: 예약 가능한지 보겠습니다. 잠시만 기다려 주세요.

금자 씨: ______________________________

상담원: 다음 주 수요일 김근미 선생님 열 시에 자리 있습니다. 예약해 드릴까요?

금자 씨: ______________________________

상담원: 성함하고 연락처 알려 주세요.

금자 씨: ______________________________

상담원: 다음 주 수요일 김근미 선생님 열 시 진료 예약되었습니다.

금자 씨: ______________________________

7) 키오스크 이용하기

>>> 그림을 참고하여 각 단계별로 해야 할 일을 말하거나 써 보세요.

1.

____

____

____

____

____

____

2.

____

____

3.

초코파이(BOX)
5,500 원
찹쌀설병
300 원
찹쌀설병(10입/봉)
2,900 원
유기농채소
1,000 원
이전
다음
생강차
1
2,000
초코파이
1
500
메뉴이름
수량
금액
주문수량
2개

4.

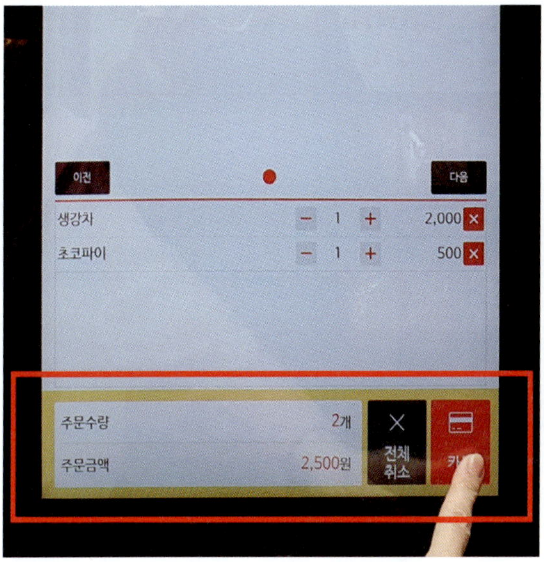
이전
다음
생강차
1
2,000
초코파이
1
500
주문수량
2개
주문금액
2,500원
전체
취소

5.

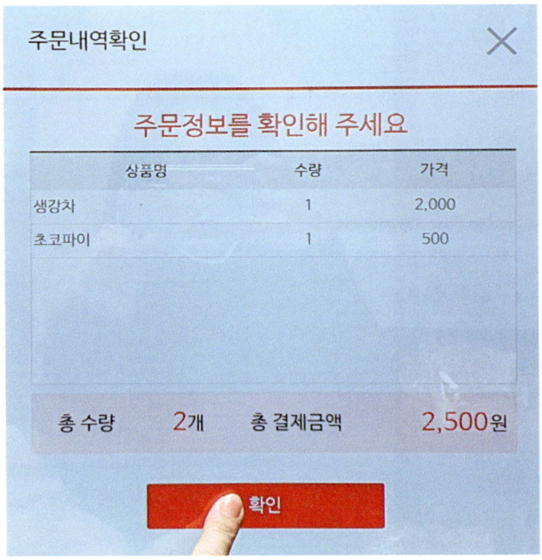
주문내역확인
주문정보를 확인해 주세요
상품명
수량
가격
생강차
1
2,000
초코파이
1
500
총 수량
2개
총 결제금액
2,500원
확인

6.

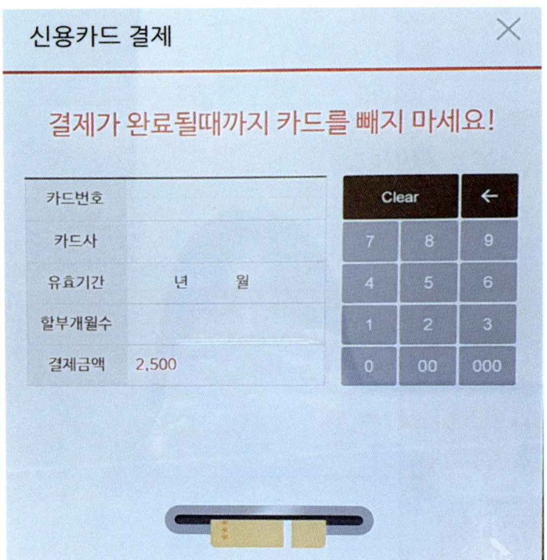
신용카드 결제
결제가 완료될때까지 카드를 빼지 마세요!
카드번호
카드사
유효기간
년
월
할부개월수
결제금액
2,500
Clear
←
7
8
9
4
5
6
1
2
3
0
00
000

정답지

Level 01

1. 일상생활 연계 활동: 상징과 색깔

1) 비밀번호 찾기

1. 5240
2. 3010
3. 3211
4. 4130
5. 4210
6. 7020
7. 8150
8. 7120
9. 9260
10. 4180

2) 아이디 만들기

1. 미
2. 보
3. 김
4. 동
5. 날
6. 정
7. 훈
8. 곰
9. 손
10. 륭

1. RNA
2. QKF
3. SKQL
4. DNWJD
5. WKRQUF
6. THSKAN
7. ANWLRO
8. QHWKRL
9. WHDEKFTO
10. SODWKDRH

3) 비밀번호 만들기

1~5. 〈예시〉 45372165

1~10. 〈예시〉 s428@j03

4) 도형-단어 짝 연결하기

1. ① 꽃 – 냉장고
② 주스 – 냉장고
③ 의자 – 버스
④ 냉장고 – 의사
⑤ 꽃 – 주스
⑥ 냉장고 – 버스
⑦ 주스 – 버스
⑧ 의사 – 꽃
⑨ 버스 – 냉장고
⑩ 주스 – 의사

2. ① 꽃 – 냉장고 – 버스
② 주스 – 냉장고 – 주스
③ 의사 – 버스 – 의자
④ 의자 – 꽃 – 의사
⑤ 냉장고 – 의사 – 주스
⑥ 주스 – 버스 – 꽃
⑦ 꽃 – 의자 – 냉장고
⑧ 버스 – 의사 – 꽃
⑨ 의사 – 주스 – 의자
⑩ 의자 – 냉장고 – 버스

3. ① 꽃 – 냉장고 – 꽃 – 냉장고
② 주스 – 냉장고 – 의사 – 꽃

③ 냉장고 – 의사 – 의자 – 주스
④ 꽃 – 버스 – 냉장고 – 의사
⑤ 의자 – 주스 – 의사 – 꽃
⑥ 의사 – 냉장고 – 의자 – 주스
⑦ 꽃 – 의자 – 주스 – 냉장고
⑧ 의사 – 버스 – 주스 – 꽃
⑨ 냉장고 – 의사 – 의자 – 냉장고
⑩ 꽃 – 버스 – 의자 – 주스

5) 색깔 – 단어 연결하기

1. ① 줄넘기 – 책
② 책 – 바람
③ 모자 – 줄넘기
④ 도서관 – 사과
⑤ 책 – 바람
⑥ 줄넘기 – 모자
⑦ 사과 – 책
⑧ 바람 – 도서관

2. ① 줄넘기 – 책 – 사과
② 책 – 바람 – 모자
③ 모자 – 줄넘기 – 바람
④ 사과 – 도서관 – 책
⑤ 바람 – 모자 – 사과
⑥ 줄넘기 – 도서관 – 바람
⑦ 책 – 사과 – 모자
⑧ 도서관 – 바람 – 줄넘기

6) 계산하기

1. 500,000원
2. 6,000,000원
3. 600,000원
4. 260,000원
5. 20개월
6. 930,000원
7. 298,000원
8. 860,000원
9. 1,320,000원
10. 3,720,000원

Level 02

2. 일상생활 연계 활동: 상징과 색깔

1) 비밀번호 찾기

1. 2515
2. 7985
3. 2612
4. 6521
5. 2817
6. 3529
7. 1763
8. 2518
9. 8413
10. 9587

2) 아이디 만들기

⋙ 한글 → 영어

1. RKDALSWL
2. SKANSGML
3. FKDLSTNS
4. AHWJDDLS
5. QKDGYWJD
6. THDDMSDK
7. WLALSWN
8. CNTKDGML
9. VYWLSDUD

10. GKSRUDDK

≫ 영어 → 한글

1. 이나영
2. 김은호
3. 송은아
4. 경수미
5. 라미란
6. 문지혜
7. 공민지
8. 정소라
9. 함민정
10. 안정아

3) 비밀번호 만들기

1~10. 〈예시〉 39kjQ!28B64a

4) 도형 – 단어 짝 연결하기

1. ① 꽃 – 냉장고
〈예시〉 꽃을 냉장고에 보관하면 싱싱하다.

② 주스 – 냉장고
〈예시〉 주스를 냉장고에 넣었다.

③ 버스 – 의자
〈예시〉 버스를 타자마자 의자에 앉았다.

④ 꽃 – 의사
〈예시〉 꽃 알레르기 때문에 의사를 찾아갔다.

⑤ 의사 – 주스
〈예시〉 의사 선생님께 주스를 드렸다.

⑥ 의자 – 꽃
〈예시〉 의자 위에 꽃 한 송이가 놓여 있다.

⑦ 주스 – 버스
〈예시〉 주스를 버스에서 급히 마시다 쏟고 말았다.

⑧ 의자 – 의사
〈예시〉 의자가 의사 앞에 놓여 있었다.

⑨ 꽃 – 주스
〈예시〉 꽃 향기가 나는 주스를 마셨다.

⑩ 의사 – 버스
〈예시〉 의사 선생님은 버스를 주로 이용하신다.

2. ① 꽃 – 냉장고 – 주스
〈예시〉 꽃 그림이 그려진 냉장고에 주스를 넣었다.

② 주스 – 냉장고 – 의사
〈예시〉 주스를 냉장고에서 꺼내 마시려던 찰나 의사에게서 전화가 왔다.

③ 의사 – 의자 – 버스
〈예시〉 의사가 정류장 의자에 앉아 버스를 기다리고 있다.

④ 버스 – 주스 – 꽃
〈예시〉 버스에서 내려 주스를 마시며 꽃구경을 한다.

⑤ 의자 – 의사 – 주스
〈예시〉 의자에 앉은 의사가 주스를 마신다.

⑥ 꽃 – 의자 – 냉장고
〈예시〉 꽃무늬 의자가 냉장고 앞에 놓여 있다.

⑦ 주스 – 꽃 – 버스
〈예시〉 주스를 들고 꽃구경을 하다가 버스를 타고 집에 왔다.

⑧ 의사 – 버스 – 의자
〈예시〉 의사는 버스를 타자마자 빈 의자를 찾았다.

⑨ 버스 – 의사 – 냉장고
〈예시〉 버스를 타고 왕진을 다니는 의사는 집에 오자마자 냉장고에서 물을 꺼내 마셨다.

⑩ 꽃 – 주스 – 의자
〈예시〉 꽃과 주스를 사서 의자에 내려놓았다.

5) 색깔 – 단어 연결하기

1. ① 줄넘기, 책
〈예시〉 줄넘기와 책 읽기가 방학 숙제이다.

② 책, 바람
〈예시〉 책을 읽으며 시원한 바람을 느꼈다.

③ 모자, 줄넘기
〈예시〉 모자를 쓰고 줄넘기를 하는 것은 쉽지 않다.

④ 사과, 바람
〈예시〉 사과 향기가 바람에 날린다.

⑤ 도서관, 모자
〈예시〉 도서관에 모자 쓴 남자가 들어왔다.

⑥ 바람, 책
〈예시〉 바람 부는 날에는 집에서 책을 읽는다.

⑦ 줄넘기, 사과
〈예시〉 줄넘기를 하고 있는데 나무에서 사과가 떨어졌다.

⑧ 책, 사과
〈예시〉 책을 읽던 뉴턴의 머리에 사과 하나가 떨어졌다.

2. ① 줄넘기, 책, 줄넘기
〈예시〉 어제는 줄넘기 숙제를 하고 오늘은 책 읽기 숙제를 했으니, 내일은 다시 줄넘기를 해야겠다.

② 책, 바람, 모자
〈예시〉 책을 읽고 있는데 바람에 모자가 날아갔다.

③ 모자, 줄넘기, 바람
〈예시〉 모자를 벗고 줄넘기를 하니 바람에 땀이 식었다.

④ 사과, 바람, 도서관
〈예시〉 무르익은 사과가 바람에 흔들리는 모습을 도서관 창문에서 바라보았다.

⑤ 모자, 책, 바람
〈예시〉 모자를 쓰고 책을 사러 가는 길에 바람이 불어 모자가 날아갔다.

⑥ 도서관, 사과, 모자
〈예시〉 도서관에서 사과를 먹고 있는 아저씨는 이상한 모자를 쓰고 있다.

⑦ 바람, 줄넘기, 책
〈예시〉 바람이 세차게 부는 날에는 밖에서 줄넘기를 하기보다 집안에서 책을 읽

는 게 낫다.

⑧ 줄넘기, 책, 사과
〈예시〉 아이들은 줄넘기를 하고 나는 책을 읽으며 사과를 먹었다.

6) 계산하기

1. 12,000원
2. 6,300원
3. 22,500원
4. 61,000원
5. 22,000원
6. 81,000원
7. 75,000원
8. 24,000원
9. 53,000원
10. 10,000원

Level 01

3. 일상생활 연계 활동: 그리기

1) 어떤 색깔일까

1. 

2. 

3. 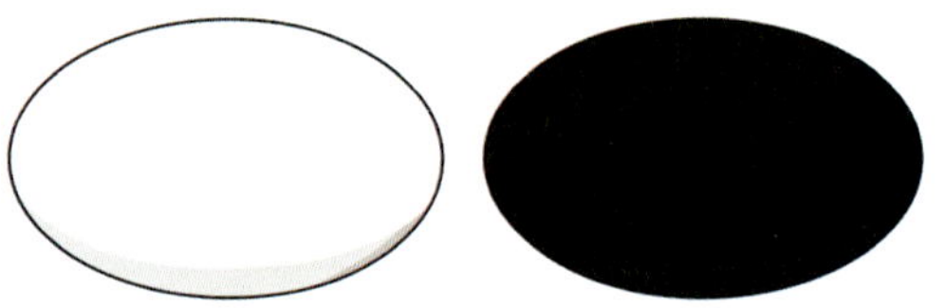

4. 

5. 

6. 

7. 

8. 

9.

10.

2) 외출 준비하기

1.

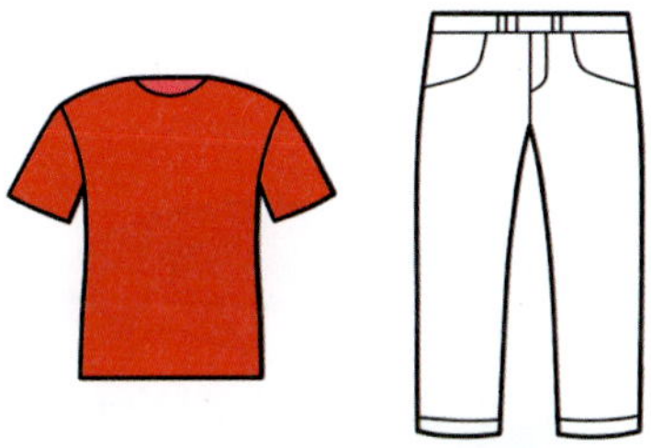

2.

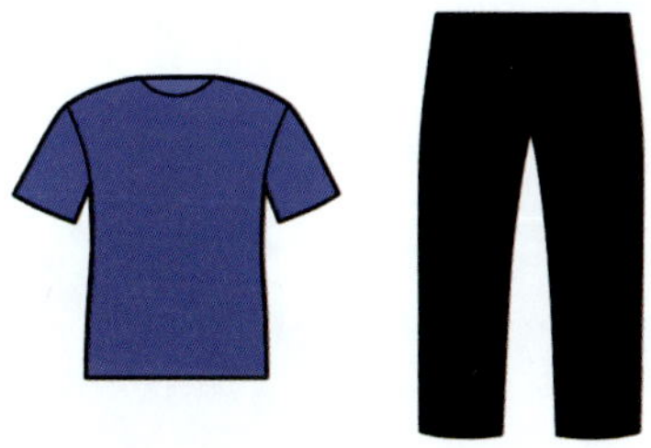

3.

4.

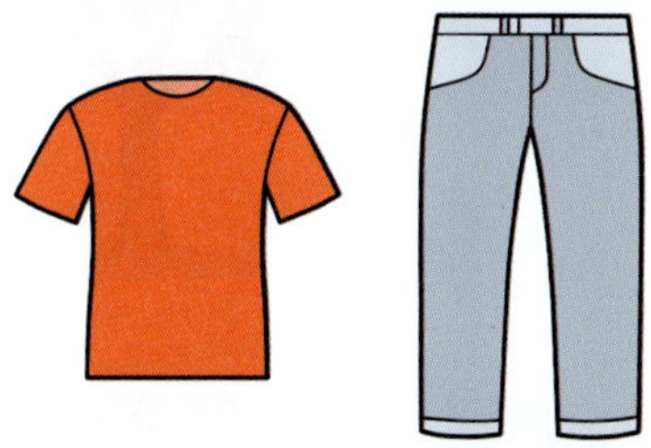

5.

6.

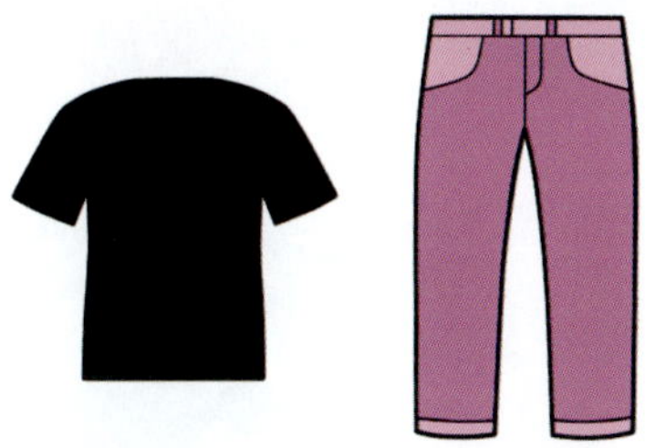

7.

8.

9.

10.

3) 떠올려 그리기

1. 나무: 줄기, 가지, 잎사귀 등

2. 우산: 손잡이, 우산살, 캐노피 등

3. 해바라기: 잎사귀, 꽃잎, 줄기 등

4. 나비: 날개, 더듬이, 몸통 등

5. 잠자리: 날개, 몸통, 다리 등

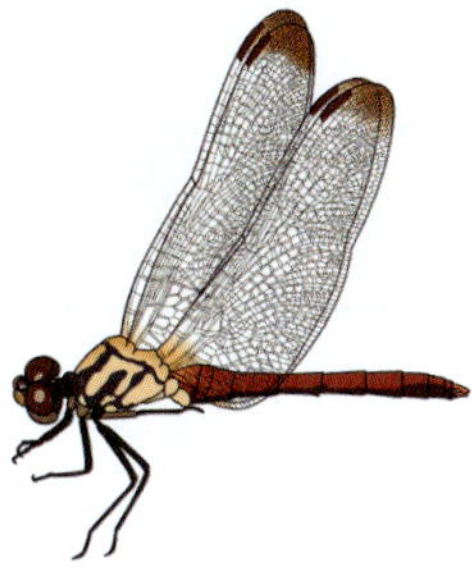

6. 집: 창문, 지붕, 벽, 문 등

7. 수박: 초록색 둥근 열매, 검은 줄무늬 등

8. 시계: 시계 바늘, 시계판, 숫자, 눈금 등

9. 버스: 바퀴, 창문, 차체, 출입문 등

10. 선풍기: 날개, 덮개, 몸체, 기능 조작부 등

Level 02

4. 일상생활 연계 활동: 그리기

1) 어떤 색깔일까

색깔 순서를 다음과 같이 순서대로 칠합니다.

1. 노란색 바나나 → 갈색 탁자

→

2. 빨강색 장미 → 주황색 장미

→

3. 검은색 바탕 → 하얀색 점

→

4. 노란색 우비 → 초록색 신호등

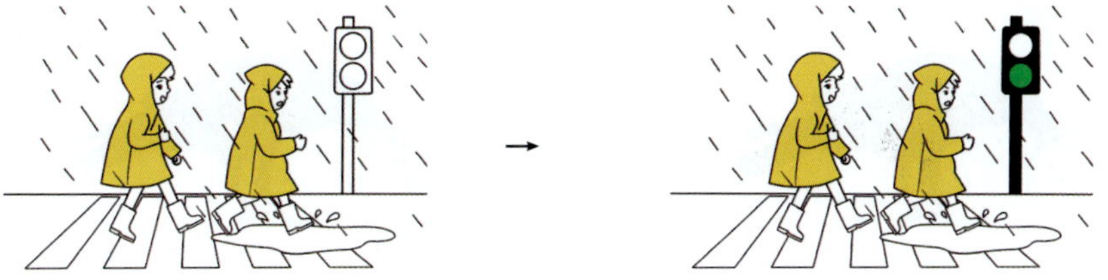

5. 파랑색 겉표지 → 검은색 글씨

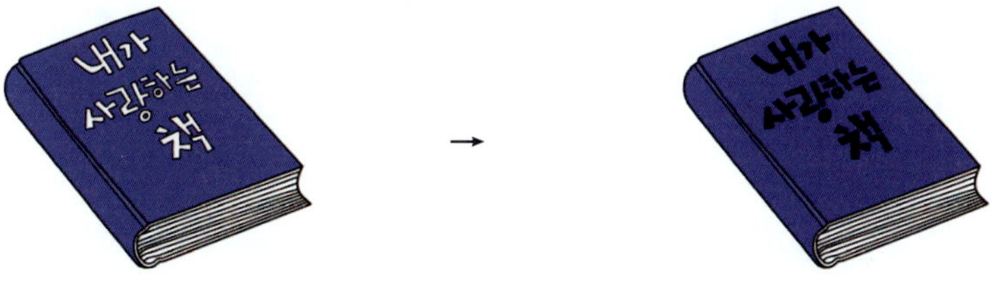

6. 하얀색 손수건 → 보라색 제비꽃

7. 노란색 개나리 → 분홍색 진달래

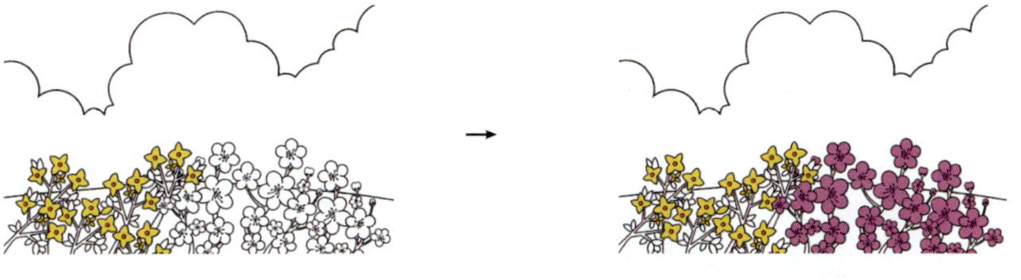

8. 검은색 까마귀 → 주황색 홍시

9. 노란색 참외 → 초록색 시금치

10. 빨간색 오미자 → 검은색 김

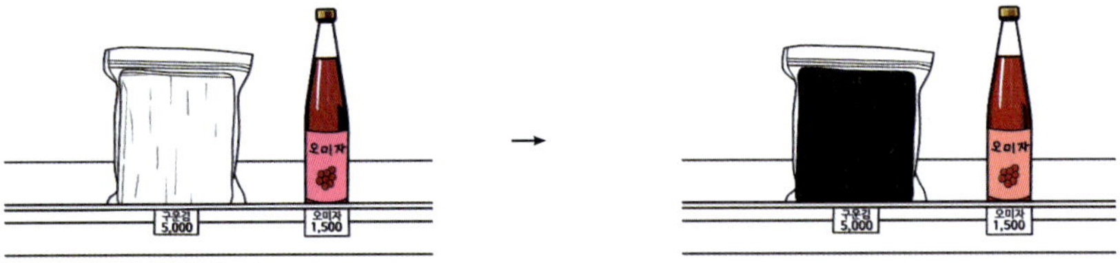

2) 외출 준비하기

1.

2.

3.

4.

5.

6.

7.

8.

9.

10.

3) 떠올려 그리기

1. 가위: 손잡이, (가위)날 등

2. 의자: 다리, 앉는 부분, 등받이 등

3. 숟가락: 손잡이, 동그란 부분 등

4. 젓가락: 막대 2개 등

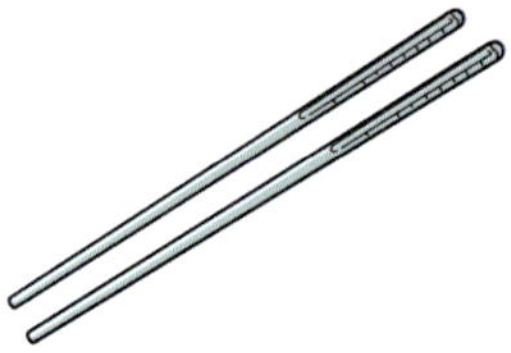

5. 물고기: 몸통, 머리, 지느러미, 아가미 등

6. 오징어: 머리, 몸통, 다리 등

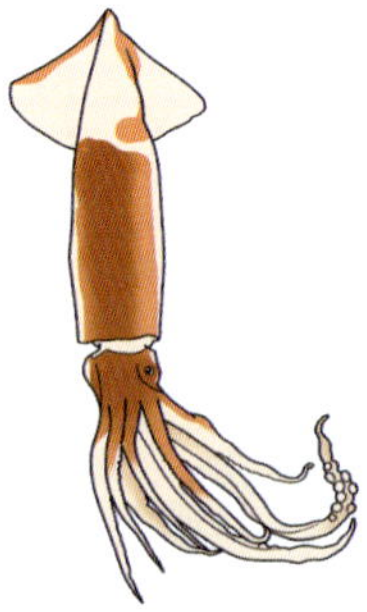

7. 안경: 테, 렌즈, 다리 등

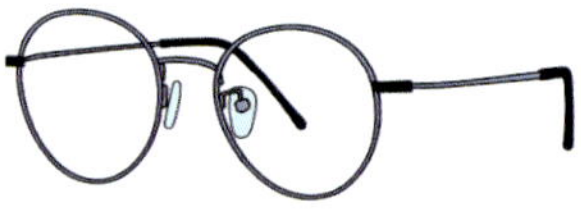

8. 자동차: 바퀴, 창문, 차체 등

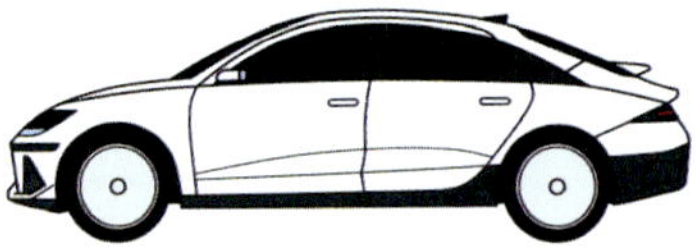

9. 냉장고: 문, 손잡이, 몸체 등

10. 자전거: 바퀴, 안장, 손잡이 등

Level 01

5. 일상생활 연계 활동: 기타

1) 새로운 인사법 익히기

중국 – 니하오
일본 – 오하이오 고자이마스
베트남 – 씬짜오
태국 – 사와디캅(카)
인도 – 나마스테
프랑스 – 봉쥬르
스페인 – 부에노스 디아스
독일 – 구텐 모르겐
미국 – 헬로우

2) 일기예보 이해하기

1. 서울, 백령, 울릉/독도
2. 울릉/독도
3. 강릉, 제주
4. 서울, 춘천, 청주, 울릉/독도
5. 영하 2도, 구름 약간
6. 영하 3도, 눈
7. 영하 1도, 눈
8. 영상 3도, 맑음
9. 영상 3도, 흐림
10. 0도, 맑음

3) 장소 말하기

1. 석굴암
2. 첨성대
3. 울산바위
4. 청와대
5. 백두산 천지
6. 성산 일출봉
7. 여의도 국회의사당
8. (대관령) 양떼목장
9. 광화문
10. (보성) 녹차밭

4) 거울에 비친 시계 읽기

1. 1시 10분
2. 3시 30분
3. 12시 15분
4. 5시 5분
5. 11시 25분
6. 6시 30분
7. 2시 45분
8. 7시 20분
9. 4시 10분
10. 8시 35분

5) 안내문 이해하기

1. ① 매우 심한 더위
   ② 10 ~ 12시, 2시 ~ 4시
   ③ 작업을 멈추고 집에 머문다.

2. ① 65세 이상
   ② 75세 이상
   ③ 10. 16. ~ 4. 30.

3. ① 붓을 휘두른다(글씨를 쓴다).
   ② 전통야외소극장(낙성대 공원 내)
   ③ 대회 당일 현장 접수

4. ① 휴니즈록소프로펜나트륨수화물정(소염진통제), 파티겔정(제산제, 흡착제)
   ② 5일 동안
   ③ 하루 3번 식후 즉시

5. ① 정서적 교감을 나누며 가까이 두고 기르는 동물
   ② 관내 동물병원 25개소
   ③ 1만 원

6) 주문하기

⋙ 카페 주문

1. 카페라떼 한 잔, 아메리카노 두 잔
2. 오미자차 한 잔, 생강차 한 잔
3. 아메리카노 한 잔 샷 추가
4. 카푸치노 한 잔, 바닐라라떼 한 잔
5. 쌍화차 한 잔, 오미자차 한 잔, 생강차 한 잔

⋙ 식당 주문

1. 비빔냉면 둘, 물냉면 하나
2. 비빔냉면 하나, 녹두 빈대떡 하나
3. 물냉면 둘, 수육 하나
4. 만두전골 중자, 녹두 빈대떡 하나
5. 어복쟁반 대자, 만두 하나

7) 키오스크 이용하기

1. 공공장소에 설치된 무인 정보 단말기
병원, 관공서, 식당 등에 설치
2. 테이크아웃은 매장에서 음식을 먹지 않고 포장해서 가져간다는 뜻
주로 식당, 카페에서 이용
3. 단품은 한 가지 음식, 세트는 여러 가지 음식을 하나로 묶어 판매하는 것
4. 곁들이는 음식

5~9. 각각에 해당하는 버튼 누르기

Level 02

6. 일상생활 연계 활동: 기타

1) 새로운 인사법 익히기

중국 – 씨에씨에
일본 – 아리가또 고자이마스
베트남 – 깜언
태국 – 컵쿤카(컵쿤크랍)
러시아 – 쓰바씨바
프랑스 – 메르시
스페인 – 그라시아스
독일 – 당케
미국 – 땡큐

2) 일기예보 이해하기

1. 하루(1일)
2. 금요일
3. 월요일
4. 8일
5. 9일, 10일, 11일, 12일, 13일
6. 8일, 10일, 11일, 12일
7. 8일
8. 13일

3) 장소 말하기

1. 자유의 여신상, 미국(뉴욕)
2. 에펠탑, 프랑스(파리)
3. 피라미드, 이집트
4. 콜로세움, 이탈리아(로마)
5. 타워브리지, 영국(런던)
6. 타지마할, 인도
7. 피사의 사탑, 이탈리아
8. 만리장성, 중국
9. 오페라하우스, 호주(시드니)
10. 앙코르와트, 캄보디아

4－1) 거울에 비친 시계 읽기 ①

1. 11시 10분
2. 1시 30분
3. 3시 15분
4. 11시 25분
5. 5시 10분
6. 7시 5분
7. 12시 30분
8. 8시 45분
9. 9시 20분
10. 10시 35분

4－2) 거울에 비친 시계 읽기 ②

1. ③
2. ③
3. ③
4. ②
5. ①
6. ③
7. ②
8. ①
9. ①
10. ②

5) 안내문 이해하기

1. ① 종량제 봉투
② 동 주민센터
③ 목요일
④ 2장

2. ① 4. 28.~4. 30.
② 4호선 수리산역
③ 15분

3. ① 9. 11.~9. 25.
② 10. 4.~12. 30.
③ 인터넷 접수
④ 월요일
⑤ 14~16시

6) 주문하기/예약하기

1. 아이스 아메리카노, 카푸치노
2. 아이스 아메리카노 두 잔(하나는 얼음 많이), 카페라떼 두 잔, 생과일주스 한 잔
3. **<예시>**

   미용사: 폭스헤어입니다.
   금자 씨: (파마 좀 하려고요.)
   미용사: 언제로 할까요?
   금자 씨: (이번 주 금요일요.)
   미용사: 예약 가능한지 한번 보겠습니다.
   금자 씨: (네.)
   미용사: 열한 시 괜찮으세요?
   금자 씨: (열 시는 안 되나요?)
   미용사: 저희가 열한 시에 문을 열어서요.
   금자 씨: (네. 그럼 열한 시로 예약해 주세요.)
   미용사: 성함이 어떻게 되세요?
   금자 씨: (김금자요.)
   미용사: 연락처가 어떻게 되세요?
   금자 씨: (○○○ - ○○○○ - ○○○○.)
   미용사: 네, 이번 주 금요일 열한 시 김금자 님 예약되셨습니다.

4. **<예시>**

   식당 종업원: 고향의 맛입니다.
   금자 씨: (식사 예약을 하려고 하는데요.)
   식당 종업원: 언제로 할까요?
   금자 씨: (이번 주 토요일 열두 시 반이요.)
   식당 종업원: 몇 분이세요?
   금자 씨: (5명이요.)
   식당 종업원: 어느 분 성함으로 예약해 드릴까요?
   금자 씨: (김금자요.)
   식당 종업원: 전화번호가 어떻게 되나요?
   금자 씨: (010 - ○○○○ - ○○○○.)
   식당 종업원: 이번 주 토요일 열두 시 반 다섯 분 김금자 님으로 예약되셨습니다.

금자 씨: (네, 감사합니다.)

5. **<예시>**

상담원: 보여 안과입니다.
금자 씨: (진료 좀 보고 싶어요.)
상담원: 어디가 불편하세요?
금자 씨: (눈이 침침해서 잘 안 보여요.)
상담원: 언제로 예약해 드릴까요?
금자 씨: (다음 주 수요일 가능한가요?)
상담원: 예약 가능한지 보겠습니다. 잠시만 기다려 주세요.
금자 씨: (네.)
상담원: 다음 주 수요일 김근미 선생님 열 시에 자리 있습니다. 예약해 드릴까요?
금자 씨: (네.)
상담원: 성함하고 연락처 알려 주세요.
금자 씨: (김금자, 010－○○○○－○○○○.)
상담원: 다음 주 수요일 김근미 선생님 열 시 진료 예약되었습니다.
금자 씨: (네, 수고하세요.)

7) 키오스크 이용하기

1. ‘주문하기’ 버튼을 누른다.
2. 원하는 메뉴를 선택하여 버튼을 누른다.
3. 메뉴와 수량이 맞는지 확인한다.
4. ‘카드 결제’ 버튼을 누른다.
5. 주문 정보를 확인한 후 ‘확인’ 버튼을 누른다.
6. 카드를 넣고 결제한 후 완료될 때까지 기다린다.

참고문헌

강혁준, 김상률, 김정헌(2020). 가상현실 인지재활 프로그램이 경도인지장애 환자의 인지능력과 일상생활동작에 미치는 영향. 대한물리의학회지, 15(4), 155-161.

김수정, 장현진(2020). 회상하기 프로그램이 알츠하이머 노인의 의사소통 능력에 미치는 영향. 재활치료과학, 9(4), 21-31.

김정완, 장만순(2022). (경미한 인지, 언어장애 대상자를 위한) 인지-의사소통장애 재활 프로그램. 이담북스.

박현숙(2021). (경계선 지능 아동 청소년을 위한) 느린학습자 인지훈련프로그램 1. 학지사.

변해원(2019). 한국형 전산화 인지재활프로그램이 초기 치매노인의 생성 이름대기 수행에 미치는 효과에 관한 예비 연구. 한국융합학회논문지, 10(9), 167-172.

서혜경, 김주연(2023). 실어증 및 인지의사소통장애를 위한 언어재활 워크북(표현력 편). 학지사.

손희정, 성지은(2016). 의미범주기반 작업기억 중재가 실어증환자의 문장이해 및 단어유창성에 미치는 일반화 효과. *Communication Sciences and Disorders, 21*(1), 174-192.

송기범, 이아름, 김지은, 류호경(2014). 'Draw Something' 게임을 이용한 노인인지 중재에 관한 연구. 한국 HCI 학회 학술대회, 233-236.

신상은, 박희영(2018). 작업기억과 노출횟수가 AAC 그림상징을 이용한 문장구성에 미치는 영향. *Communication Sciences and Disorders, 23*(2), 392-403.

안길만, 최양규(2013). 작업기억 강화 프로그램이 알츠하이머형 치매 환자의 단어 유창성과 문장이해력에 미치는 효과. 심리행동연구, 5(2), 75-110.

엄보라(2015). 문장 따라말하기를 활용한 작업기억 중재가 실어증 환자의 문장이해 능력에 미치는 효과. 이화여자대학교 대학원 언어병리학과 석사학위논문.

이금자, 김화수, 임은실(2015). 치매 예방을 위한 인지 · 의사소통 놀이 50. 학지사.

이금자, 김화수, 임은실(2019). 스마트 에이징을 위한 치매예방 인지 · 의사소통 놀이 48. 학지사.

이금자, 김화수, 임은실(2021). 현실 인식을 위한 치매예방 인지 · 의사소통 워크북. 학지사

이명경(2016). 집중력 실전 워크북: 아이의 집중력, 부모에게 달려 있다. 김영사.

이미숙(2021). 노화와 인지-의사소통. 군자출판사.

이미숙, 김보선, 임재성(2021). 인지-의사소통장애 간편검사. 인싸이트.

이미숙, 김수진(2022). 치매와 인지-의사소통: 인간 중심 재활. 학지사.

이진희(2013). 작업기억 활성화 훈련이 단순언어장애 아동의 담화이해능력에 미치는 영향. 대구대학교 재활과학대학원 석사학위논문.

최수진, 성지은, 정지향, 김건하(2016). 동사 운반구를 활용한 작업기억중재가 경도인지장애군의 언어처리과정에 미치는 효과. *Communication Sciences and Disorders, 21*(3), 524-537.

최현주(2016). 기억상실형 경도인지장애와 알츠하이머병 환자의 이야기 이해 능력과 작업기억 및 언어기억의 상관. *Communication Sciences and Disorders, 21*(2), 324-332.

홍선주, 이명진, 정은주, 김초복, 손영돈(2015). ADHD 아동용 작업기억 훈련 프로그램 개발과 효과 검증. **교육과정평가연구**, 18(3), 209-232.

Bchkuehl, M., Jaeggi, S. M., Hutchison, S., Perrig-Chiello, P., Däpp, C., Müller, M., Breil, F., Hoppeler, H., & Perrig, W. J. (2008). Impact of working memory training on memory performance in old-old adults. *Psychology and Aging, 23*(4), 743-753.

Borella, E., Carretti, B., Riboldi, F., & de Beni, R. (2010). Working memory training in older adults: Evidence of transfer and maintenance effects. *Psychology and Aging, 25*(4), 767-778.

Carretti, B., Borella, E., Zavagnin, M., & de Beni, R. (2013). Gains in language comprehension relating to working memory training in healthy older adults. *International Journal of Geriatric Psychiatry, 28*(5), 539-546.

Flak, M. M., Hol, H. R., Hernes, S. S., Chang, L., Engvig, A., Bjuland, K. J., Pripp, A., Madsen, B., Knapskog, A., Ulstein, I., Lona, T., Skranes, J., & Løhaugen, G. (2019). Adaptive computerized working memory training in patients with mild cognitive impairment. A randomized double-blind active controlled trial. *Frontiers in Psychology, 10.*

Hyer, L., Scott, C., Atkinson, M. M., Mullen, C. M., Lee, A., Johnson, A., & Mckenzie, L. C. (2016). Cognitive training program to improve working memory in older adults with MCI. *Clinical Gerontologist, 39*(5), 410-427.

Morrison, A. B., & Chein, J. M. (2011). Does working memory training work? The promise and challenges of enhancing cognition by training working memory. *Psychonomic bulletin and Review, 18*(1), 46-60.

Mridula, J., George, V. M., Bajaj, G., Namratha, H. G., & Bhat, J. S. (2017). Effect of working memory training on cognitive communicative abilities among young-and middle-aged adults. *Cogent Psychology, 4*(1), Article 1416885.

Newman, D. (2020). **학습잠재력을 쑥쑥 키워주는 작업기억 향상 워크북** (*Working memory activities: A workbook to stimulate memory skills*). (유정민, 최승균, 함선미 공역). 교육을 바꾸는 사람들. (원저는 2014년에 출판).

Westerberg, H., et al. (2007). Computerized working memory training after stroke-a pilot study. *Brain Injury, 21*(1), 21-29.

〈웹사이트〉

가정 인지재활 훈련 워크북. http://www.strokecog.com/Main/Intro.html

십분만에 키오스크 사용법 타파하기. https://www.youtube.com/watch?v=4mo24Bog_P0

Free Worksheets For Memory. https://www.happyneuronpro.com/en/free-cognitive-activities-for-adults/free-worksheets-21/march-2020-packet-21-memory/

Train your brain with Mentem. https://www.mentem.eu

저자 소개

이미숙(Lee Mi Sook)

고려대학교 불어불문학 학사
연세대학교 언어병리학 석사
연세대학교 언어병리학 박사
전 우송대학교 언어치료 · 청각재활학부 초빙교수
공주대학교 특수교육대학원 언어재활전공 객원교수
현 한림국제대학원대학교 청각언어치료학과 언어치료학전공 교수

〈주요 저 · 역서 및 논문〉
『신경언어장애 용어집』(공저, 학지사, 2020), 『노화와 인지-의사소통』(군자출판사, 2021), 『BCCD 인지-의사소통장애 간편검사』(공저, 인싸이트, 2021), 『인지-의사소통장애: 정보 처리 접근』(공역, 학지사, 2020), 『치매와 인지-의사소통: 인간 중심 재활』(공역, 학지사, 2022; 2023 세종도서 학술부문 선정), 『당신의 언어 나이는 몇 살입니까?: 말과 글의 노화를 막기 위한 언어병리학자의 조언』(남해의봄날, 2023; 2024 세종도서 교양부문 선정)
「외상성 뇌손상 환자의 인지-화용언어 능력에 대한 평가도구 개발 및 적용」(박사학위논문)

백려정(Baik Yeo Jung)

연세대학교 불어불문학 학사
연세대학교 언어병리학 석사
전 강남세브란스병원, 이화여대부속목동병원, 분당제생병원,
한림국제대학원대학교 한림언어재활연구실 언어재활사
현 한림국제대학원대학교 청각언어치료학과 언어치료학전공 초빙교수

〈주요 저서 및 논문〉
『신경언어장애 용어집』(공저, 학지사, 2020)
「실독증 환자들의 한자어와 고유어 소리내어 읽기 비교」(석사학위논문)

황은지(Hwang Eun Ji)

한림대학교 언어청각학부 언어병리학 학사
한림국제대학원대학교 언어치료학 석사
전 종로구다문화센터 언어재활사
현 언어발전소 파트너 언어재활사, 강동 소리의원 언어재활사

〈주요 논문〉
「주관적 인지저하 노인의 작업기억 기반 인지-의사소통 중재 효과」(석사학위논문)

작업기억 기반 인지-의사소통 워크북 3: 일상생활 연계 활동 편

노인 · 치매 · 실어증 언어재활

Working Memory Based Cognitive-Communication Workbook 3: daily activities

2025년 4월 15일 1판 1쇄 인쇄
2025년 4월 25일 1판 1쇄 발행

지은이 • 이미숙 · 백려정 · 황은지
펴낸이 • 김진환
펴낸곳 • (주) 학지사
04031 서울특별시 마포구 양화로 15길 20 마인드월드빌딩
대표전화 • 02)330-5114 팩스 • 02)324-2345
등록번호 • 제313-2006-000265호

홈페이지 • http://www.hakjisa.co.kr
인스타그램 • https://www.instagram.com/hakjisa

ISBN 978-89-997-3314-7 93180

정가 17,000원

MEMO

MEMO

MEMO

MEMO